人間関係ってどういう関係？

平尾昌宏 Hirao Masahiro

JN052827

★――ちくまプリマー新書

445

まえがき

方便さんと私

この本を書くときに、編集を担当してくださった方便さん（ウソじゃなくて本名）と打ち合わせ的なことをしていたときにふと気づきました。

方便さんとは前にも本を作っていて、なんだかんだ言って付き合いは、ええっと、もう三年くらいになります。メールでのやり取りもあれば、二人ともツイッター（現：X）をやっているので、ふだんの様子もなんとなく分かる。だけど、気づいてみると驚いたことに、実際に会ったことはないのです。最初に「本を書いて頂きたいので、ちょっと話しませんか」とオファーがあったのがコロナ禍の頃、住んでいるところも遠かったので「じゃあリモートで」となって、それ以来ずっとリモートとメール。会ったこともなくて仕事だけ引き受けてるなんて、闇バイトかって気もするけど、今のところ警察には捕まってないしちゃんと本も出ている。

まあ、それはいいとして、「もう時代は変わったんで、これからはリモートの時代だ」と言う人もいるかもしれないし、私自身は出不精で、リモートもありがたいと思っているのですが、「やっぱり直接会わないとだめだ」と考える人もいるかもしれません。私も一度くらい方便さんに直接会ってみたいと思わないでもない。でも、ここでいきなり「会いたいです！」っていうのも違う気がする……。というのではっと気づいて思っちゃったのです。「方便さんと私はそもそもどういう関係なんだろう？」って。

まあ家族ではない。恋人でもないし、友人？　いや、対面で会ったことないのです。方便さんは三〇代で若い。五〇代の私から見れば、若造（はは）。だけど、別に「目上と目下」みたいな関係ではない。私もこの年でそこそこ頼りないし、だから方便さんを頼りにしている。まあ、仕事上のパートナーとか、そんな感じ？　うーん、何だかなあ、という気がします。たぶん、「全くの他人」じゃないんですよね。じゃあ、何なんだろう？

「ただの知り合い」

昔、私の大学時代のことですけど、友達の吉田君（仮名、以下同じ）に恋人的な人ができました。その彼女、小島さんは、吉田君や私とは違う大学です。そこで吉田君は本好きの彼女を、自分の大学の図書館に案内しました。大学の図書館は、入り口で申し込めば、関係者もいっしょに入ることができるのです。

後で聞くと、小島さんが「もう、あの人とはやってられへんわ！」と怒っています。なんでかと聞くと、「図書館に入れてもらうとき、あの人（吉田君）は係の人に私のこと「ただの知り合いです」って言うんですよ！」というのです。私は思わず笑っちゃったけど、彼女からすれば、そりゃあ腹立ったでしょう。

たぶんね、吉田君もちょっと迷ったんじゃないかと思うのです。だって、例えば「恋人です」なんて言うのも何か変というか、だいいち照れくさいし。だけど彼女からすれば、「えっ、私はあんたの単なる知り合いだったの？」って思っちゃって不思議ではない。

身近な人間関係

ややコミカルな例を取り上げましたけど、こうした身近な人間関係の問題で真剣に悩んでいる、困っている人は結構いるだろうと思うのです。私も授業の際に……、ええっと、紹介が遅れましたが、私はふだん大学や専門学校で哲学や倫理学その他を教えています。で、授業の終わりに学生さんたちにコメントを書いてもらうのですが、こういう悩みを書いてくる人がすごく多いのです。「本当の友だちだと思っていた人に裏切られた」、「付き合っている人がいるけど、恋人って何なんだか分からなくなった」。そういう疑問や嘆きがあちこちに溢《あふ》れていて、私たちの悩みのほとんどはそういう問題なんじゃないのか、とさえ思えます。

そこでこの本では、こういう身近な人間関係について、ぜひみなさんといっしょに考えたいと思うのです。

いっしょに考える本

いっしょに考える？　そう、ここが肝心です。この本は、書いてあることをそのまま覚え込むようなものではありません。そうじゃなくて、みなさん自身が身近な関係について考える材料を提供しようとして書いたものです。

うーんと、どう言えばいいか、この本は「教科書」みたいなものとは違うって言えばいいかな。教科書というのはいわば正解だけを集めたものです。学校や教育が絡むと、どうしても「正しくなくちゃいけない」というのが先にきちゃう。だから、「決して間違ったことは書かないぞ」みたいなガチガチの教科書ができて、先生も子どもたちも「これは正解の塊だ」と思って読む。だけど、当たり前の話だけど、教科書だけが本じゃありません。

いや、「正解でないことを書いてやろう」と思って書いたわけではありません。私としては、それなりに（?）一生懸命考えましたけど、ここに書けるのはごく基本的なことだけです。それに、ここに書いてあることだって、それらを実際に使ってみるのはみなさん自身です。だから、「ここに書いてある正解を学ぼう」というより、「ここにはこう書いてあるけど、自分の場合だったら?」と考えたり、「ここからさらに話を広げていくと、こんなふうに考えられるなあ」とか、そんなふうに使ってもらえたらうれしいなと思うのです。だから、ひょっとしてこの本に書いてあるのと違う考えがみなさんに生まれてきたら、それはこの本が失敗したのではなくて、むしろ大成功なのです。

そしてね、何か新しいことが分かれば、こっそり私に教えてください。そうしたら、それをネタにして次の本を書けますし（!）。

テーマは「身近な関係」

人間一人ひとりを取り出すと「個人」、で、そういうバラバラな個人が集まっているのが「社会」。そして、その中間とでも言えばいいか、社会でもない、個人でもないという、いわば第三の領域があります。家族、恋人、友人などなど、そういう身近な関係。これがこの本のテーマです。

ところが、不思議なことに、これらには決まった名前がありません。「親密圏」、「一次《プライマリー》集団《グループ》」なんていう言葉もあるのですが、少なくともふだんの生活で使う言葉じゃない気がする。だからこの本では「身近な関係」と呼びました。あまり落ち着かないというか、ちょっと不細工なんだけど、仕方なくです。

決まった名前がないなら、じゃあ、ふだんはこういうのを何て言っているか。そりゃあやっぱり、「友達」とか「恋人」とか、あるいは「家族」、「兄弟」とかでしょう。つまり、「社会でもない個人でもない、その中間」には、そういういろんな種類の関係があって、それぞれに言葉もあるけど、まとめて言う言葉はない。なぜか。それはたぶん、どう整理したらいいかが分かってないんじゃないかと思うのです。だから、「友達」、「恋人」、「親子」というように、その場その場でかなり適当に言葉を当てている。「いや、適当ってなんだよ、適当じゃないだろう！」と思う人がいるかもしれないけど、どうかなあ。実際それらは、一見はっきりしているように見えて、でも、さっきの方便さんの例や吉田君と小島さんのケースで見たみたいに、実はいざという場合になると困るっていうか、みんなの悩みの種なわけでしょう？

後でも書きますけど、社会や個人ってのはわりあい分かりやすいのです。ところが、「身近な関係」は、実はかえって難しい。すごく身近なのに、あるいは、身近だからこそ難しい。だから、あまり専門家も考えて来なかった。

そういう意味ではこの本は、実はちょっと珍しい本なのです。

そして別に奇を衒《てら》ったことが言いたいわけじゃないけど、結果的に、「家族とか恋人（恋愛）とか友人（友情）とか、そんなものはないんじゃない？」というような話もします。

うん、「ちょっと」じゃなくて、かなり珍しいかもしれないな。

いや、「身近な関係なんか重要じゃない」と言いたいのではないのです。てか、逆で、私は身近な関係は大事だと思っていて、だからこんな本を書こうと思ったのですが……。

まだ言い足りないこと、もっと伝えたいことはあるんです。だけど、このままだと全部が「まえがき」になっちゃうので、後は本文を読んでもらえると嬉《うれ》しいです。

よかったらしばらくお付き合い下さい。

目次 * Contents

序章

まえがき　その二

1-3　もう少し言い足りないので……

まえがき　その二

……。ええっと、あの、「まえがき」は書いたんですけど、なんか物足りないので改めて。さっきのは何て言うか、「ちょっとあいさつ」みたいなもので、だけど、実は私は、もう少し胸に暗いものがあるのです。だから名づけて「まえがき　その二」。

身近な関係の悩ましさ

現代の日本の大きな問題は少子化。そこで政府はいろんな対策を立てています。「こども家庭庁」を作ったのもその一つ。しかし、「こども庁」だったのが「こども家庭庁」になって、といったあたりから雲行きが怪しくなってきました。一方では「家庭は大事」という考えがあって、これに賛成する人がいるのは確か。ところが他方で、家庭を否定的に捉える人もいます。「毒親」などという、それこそ毒々しい言葉もあります。古くは作家の太宰治も「家庭の幸福は諸悪の本《もと》」と言いました。実際、親子関係に悩む人たちは多い。ネグレクトや虐待など、目を覆いたくなるような事件も多く起こっています。

しかし、こういう意見の対立は、親子関係だけじゃなくて、社会のあっちこっちで生じています。例えば、夫婦別姓に関する議論なんかもそう。「自分の姓を変えないまま結婚したい」と考える人たちがいる一方、「同じ姓の方が家族の絆《きずな》ができる」とか、極端に言えば「別姓だったら家族じゃない！」などと考える人たちがいます。

こう考えてくると、現代の大きな問題、少なくともその一つは、親子や夫婦その他、つまり**身近な関係**をどう捉えたらいいのか、という点にあるのが分かってきます。

身近な関係を理解する

この本を書くために、関連のありそうな本を探しました。「身近な関係」なんていうそのものズバリの本はなかったですけど、「友だち、友情」、「恋愛」とか「家族」、「親子」についての本なら山ほどあるわけです。

中には『友だち幻想』っていう本があったり、『友情を疑う』なんていうのまであったりしました。おまけにこの本には、「親しさという牢獄」という、恐ろしげな副題まで付いているようです。タイトルからすると、どうも友情をよいものと見ていない（実は中身はそればっかりではないのですが）。他方で、友情を重視した本や、「つながり」、「絆」といったものをキーワードにした本もいっぱい。家族についても、『家族という病』なんていう本がある一方で、最近になって『離れていても家族』という本も出ました。

私は、身近な関係は大事だと思っています。だから、「個人」と「社会」だけではなくて、身近な関係についてもちゃんと考えたいと思うのです。ところが、そう言ったとすると、「しかし、毒親が……」とか「友情なんて……」という人も出てくる。そして、私もそれらには一理あると思うのです。だったらどうしたらいいか。

ひょっとすると「お前はけっきょくどっちなんだ、家族は大事だと思うのか、そうじゃないのか」とか「友情は必要なのか必要じゃないのか?」、挙げ句の果てに「俺たちの仲間か、それとも敵なのか?」と言われるかもしれないけど、「いやいやいやいや。ちょっと待って、その前に話を整理して、前提を作っておいた方がいいんじゃない?」と思うのです。最初から悲しんだり怒ったり、あるいは馬鹿にしたりするのではなく、まずはどうなっているのか、その基本のところを理解したい。これがこの本の出発点です。

友だち、家族、恋人、学校、ご近所。我々の生活のかなりの部分は、こうした身近な関係でできている。我々がよく抱く悩みや問題もここに関わるものが圧倒的に多い。それなのに私たちは、身近な関係についてあまり(全然?)考えていない気がします。あまりにも近くにあるせいか、その大事さや、それらがどうなっているのかといったことがちゃんと考えられていない。いろいろ感じるところ、思うことはある。だけど考えてない。私にはそう思えました。私としてはだから、なんというか、すごく歯がゆい思いをしているのです。モヤモヤするのです。だから、ちゃんと理解したい。

もちろん、私の考えたことが万全とは言いません。だけど、私自身はこの本を書きながら、ずっと感じていたその歯がゆさが、少しだけ軽くなった気はしています。

–2　身近な関係が嫌われるわけ

身近な関係の分厚さ

身近な関係は重視されないばかりじゃなく、嫌ってさえいる人もかなりにいるように思えます。そして、それにも理由があるらしい。

例えば、恋人のいない人、家族のいない人、そういう人はいるだろうとは思うのですが、家族も恋人も友達もご近所も何も無い、つまり、身近な関係を一切持たない、という人はめったにいない。ふだんの生活からそういう身近な関係を全部はぎ取ってしまったら、他にいったい何が残るだろうっていうくらいに、我々は分厚い人間関係に取り巻かれています。それによって、守られていたり、あるいは窮屈になったり。

守られている？　そう、それだったら（それだけだったら）いいんだけど、その分だけ煩わしかったり、うっとうしかったり（同じか？）、ともかく窮屈なこともある。

例えば、さっき出てきた『友だち幻想』の著者、社会学者の菅野仁《すがのひとし》さんは『愛の本』という本も書いていて、これには「他者との〈つながり〉を持て余すあなたへ」という副題がついています。「持て余す」かぁ。そうね。「愛」も「友だち」も、とても大事なものだと人は言う。だけど、その大事な分だけ重くて私たちにのし掛かってきて、場合によっては潰されかねない。そういう側面は確かにあります。キツキツの人間関係。うう、息が詰まる！

最近『風をとおすレッスン』という、タイトルも中身も素敵な本が出ました。これは、人々の関係に「風をとおす」という趣旨で書かれたものですが、逆に言えば、身近な関係には、風通しの悪いところもできちゃうわけです。

時代の流れ？

身近な関係が避けられちゃう原因は、歴史の流れで確認することもできます。どうも社会は、発展するに従って、こういう身近な関係をできるだけ縮小する方向へと進んできたように見えるのです。

昔だったら、家庭やご近所など、身近な関係の役割はかなり大きかった。特に、江戸時代やもっと前を考えてみると、通信手段も交通手段も発達していなかったから、人々は生まれ故郷をほとんど離れませんでした。生まれて、大人になったら働いて、結婚して、といったことは全て、いわば手近なところで済ませていた。

教育も、昔は今みたいなものじゃなくて、学校で教育を受けるなんていうこともあまりなかった。教育っていうのは、すごく贅沢《ぜいたく》なものだったのです。一般には、生活するのに最低限必要な、すごく基本的なことを、家の中でおりおりに教えられるだけ。

そもそも、「生まれる」にしたって、今ではめったになくなった自宅での出産、昔はそれが主流だったわけです。病気になっても、病院が近くにないことも多かったし、ご飯を食べるっていったって、食堂やレストラン、コンビニなんかもないから、家庭でってことになる。今は選択肢がいろいろあります。ウーバーなんとかもあるし。

だから、こうして見てくると、かつては家庭の中でまかなっていたいろんなものを、現代になるにしたがって、だんだんと、そうですねぇ、いわば外注するようになった。どこに外注するか。つまり、社会に。

産むのは産婦人科、育児は保育園、教育は学校、料理はコンビニやレストラン、病気になったら病院、仕事は会社で、死んだら……。

今では、人が死ぬとだいたい葬儀会社に頼みます。「なんとかホール」、「なんとか会館」といった名前の葬儀場で式をやる。手配は葬儀会社がやってくれる。私の子どもの頃には(もうずいぶん前です)、まだ自宅でお葬式をやっていました。遺族はそうでなくても家族を亡くしてたいへんだから、親戚やご近所の人がお葬式を進めてくれました。今はそういうのを外でやってもらっています。どうも、これが時代の流れに思えるわけです。

自由のために

さて、これがどういう意味を持つかを考えてみましょう。

なぜ家族が家で看病する代わりに入院治療にするか。それは、専門家に見てもらった方が確実だからです。専門家であるお医者さんに、ちゃんとした、高度な治療をしてもらうため。教育の場合もそう。学校に行って、専門家である先生に、きちんと教育してもらう。

こうして、病院の場合だったら病人、学校の場合だったら子どもにとってその方がいいと思えるわけです。だけど、それればかりではなくて……。ぶっちゃけて言えば、病人を抱える家族や、子どもを育てる親たちにとって、その方が便利だということがあります。何だか身も蓋もない話だけど、ずっと子どもの世話に手を取られるよりは、子どもを保育園や学校に預けて、ちゃんと育児、教育をしてもらって、一方で親である自分たちは、そうした手間から解放されて自由になれる。その間に仕事してお金を稼いだり、あるいは、自分の好きなことをする時間が得られる。

そして現在、友だちや恋人も外注することができるようです。はうっ！

-1　問題：身近な関係は必要か

そして今、どうなっているか？

さて、昔は自分でやるしかなかったこと、あるいは、家族や友だちや近所の人たちと協力してやるしかなかったこと、それらを社会にかなり任せられるようになりました。その結果、現代は昔と比べて、そうとうに自由になり、余裕が出来ました。不自由で、自分のしたいことも出来なかった昔と違って、自分のしたいことが出来るようになって、そして、ずいぶん幸せになった……。

そう、ここで「あれっ？」ということになるわけです。人間は昔、「時代が進めば、自由で豊かに生活できて、幸せになるはず」だと思っていた。そして、社会の仕組み、制度も整ってきましたし、科学技術のおかげで生活もずいぶん楽になった（はず）。ところが、自由だとか幸福だとか、そういうものが得られているのかどうか。これが問題です。大問題。

まだまだ社会の仕組みが整っていないのでしょうか。そうかもしれない。そして、科学技術が十分に発達していないからでしょうか。そうかもしれません。だけど、ひょっとすると私たちは、根本的なところで勘違いしていた可能性もあります。

問題：身近な関係は必要か

さて、こうして現代では身近な関係が重視されなくなってきた理由も何となく分かりました。だけど、じゃあ身近な関係は全く要らないのか？　そのあたりがモヤモヤします。たぶん、人によってかなり意見が違ってきそうです。

そこでこの本では、この問題にきちんとした形で答えるために、しっかりとした準備をした上で取り組みたいと思います。その準備がちょっと長くなっちゃったけど、そうした準備をしておけば、まえがきの冒頭に書いたような疑問、つまり、「私と方便さんの関係はどう捉えたらいいのか」とか、「吉田君は小島さんのことを何と紹介すればよかったのか」といった疑問にも答えられるだろうと思うのです。

第1章　身近な関係とはどんなものか

1　人間の三つのあり方

身近な関係と身近でない関係

さ、いよいよ出発。だけどそのためには、いくつか準備が必要です。

まずは、この本で扱う範囲を決めておかないといけません。ここで考える**身近な人間関係**は、友情や恋愛、夫婦や家族、そういうのをひっくるめたものですが、どうもその輪郭がはっきりしないし、決まった呼び方もない。

そこでまずは、身近な関係っていうものを、何ていうか、外からクッキリさせておく必要があるんじゃないかと思います。というのは、「人間関係」と言っても、身近な関係のほかにも種類があるからです。先に言うと、大雑把に言って三種類あります。

まず、家族とか友達とか、そういう身近な関係があるんだったら、身近でない関係もあることになる？　そう、そういうことになりますね。

ものすごく基本のところから行くと、人間は一人ひとりが独立していると考えることができます。もちろん、実際に生きている場面を考えると、他の人との関係はいつでもあると言えばあるわけだけど、少なくとも考えの上では、いったんそういう関係を取り除いて、一人ひとりを他の人と切り離してみることはできる。そう、こういうのが**個人**というヤツです。

個人も「関係」という観点から考えることはできます。つまり、個人というのは「他と関係がない」という関係、無関係という関係だと、言えなくもない。でも、そこまで無理しなくてもいいでしょう。ともかく個人という、単位みたいなものがある。その個人が集まって関係ができる、作っている。そして、その関係に二種ある。つまり、身近な関係と身近でない関係です。

個人（＝他の人と無関係）→他の人との関係
→身近な関係
→身近でない関係

身近でない関係とは何か

その二種類の関係のうち、身近な関係については後で詳しく考えるとして、身近でない関係っていうのはどういうものか？　一言で言うと？

ちょっと想像しにくいかもしれませんけど、実はそれ、私たちのよく知っている言葉で言えるのです。つまり、**社会**。「社会」という教科もあったし、「現代社会」とか「日本の社会は……」なんていう言い方もよく聞く。だけど、「社会」っていうだけではあんまりピンと来ないでしょう？　家族や友達だったら具体的にイメージできるけど、「社会」なんて何だか漠然としている。

その通り。そして、それには理由があるのです。社会が身近でない関係だからです。つまり、家族、友達、恋人、ご近所、夫婦、会社、そういう具体的な関係を全部取り除いたとき、バラバラになった一人ひとりが**個人**、そういうバラバラな人間がバラバラなまま集まっているだけなのが**社会**なのです。もっと簡単に言えば、社会っていうのはお互いに見知らぬ人たちの集まりなのです。だから「社会」なんて言っても、つかみ所ない気がして当然なのです。

二本立てと三本立て

まえがきに出てきた、吉田君と小島さんを思い出しましょう（4ページ）。これは基本、吉田君と小島さんの二人の話ではありますが、実はここには、登場人物がもうひとりいたはずです。そう、図書館の係の人。

吉田君と小島さんとの関係は「身近な関係」です。それに対して、吉田君と図書館の人の関係は、「身近」とは言えないでしょう。事務的な関係というか、ほとんど他人というか。それは「身近な関係」ではなくて、さっき出てきた言葉を使うと、「社会的な関係」と言えばいいでしょう。

吉田君（個人）→他の人との関係→小島さんとの関係＝身近な関係
　　　　　　　　　　　　　　→図書館の人との関係＝社会的な関係

こうして、「身近な関係」と「社会的な関係」が区別できました。この二つのうち、この本では、「身近な関係」を扱ってみようというのです。なぜこういうことを考えてみようと思ったか。それには理由があります。

一般に、「社会的」の反対は「個人的」だと思われています。うん、それはまあいい。だけど、「社会的関係」に対して「個人的な関係」などと言ったりする。これはちょっと変な言い方です。「個人」の「個」というのは「個々バラバラ」ってことで、一人ひとりを切り離した場合のことを言うわけでした。で、一人ずつ切り離したらどうなるか？　そう、他の人と何の関係もないことになります。だから、「個人的な関係」というのは、「社会的ではない関係」という意味で使われているんでしょうけど、それは間違いっていうか何て言うか。いや、分かるのは分かる。分かるんだけど、正確ではない。実際、それが何かの「関係」なのであれば、そうである以上、それはもう**個人**とは別なものでしょう?

「いや、そんなの言葉遊びじゃん」と言う人がいるかもしれない。そうね、確かに半分は言葉の問題です。ただ、こういうのを放ったままにしておくと、後で困ったことになるかもしれない。だから、別にヘリクツを言いたいわけではなくて、ちゃんと確認しておきたいのです。だってね、「**社会対個人**」だと二本立てで済むことになります。「人間のあり方には二種類あって、個人的な関係と社会的な関係だ」ということになる。だけど実際には、そうじゃなくて……。

そう、まず**個人**というのは単位だと考えた方がいい。で、その個人と別な個人とが関係を作る。そして、その関係のあり方、作り方に二種類あって、一つは**身近な関係**、もう一つが**身近でない関係**（**社会**的な関係）。だから、二つの関係に「個人」も入れると、人間の基本的なあり方は三種類になります。私はこっちの方が、つまり三本立ての方が、理解として正確だと思います。

そして、二種類（社会と個人）で大丈夫なのか、それとも三種類（社会、身近な関係、個人）の方がいいのか、後のことを考えると、これはかなり大きな違いです。出発点で間違っちゃうと、考えを進めて行くにしたがって誤差がどんどん大きくなります。だから、ここではできるだけはっきりさせておかないといけないわけです。

確かに二本立ては分かりやすい。だけど、「分かりやすい」のと「役に立つ」や「正しい」というのとは違います。「社会対個人」というのは分かりやすいけど偽物かもしれない。人間は二本立てではなくて、三本立てで生きている。これが本書の基本の捉え方なのです。

2　社会と個人のあいだ

もう一つの二本立て

ええっとね、これで基本の枠ができたわけだけど、ついでだから、もう一点。結論は変わらないので、面倒くさい人はここと次の節を飛ばしてもらってもいいけど……。でも、まあ読んでもらえると嬉《うれ》しいです。

さて、「個人と社会」っていうの（だけ）ではダメだと思うのですが、もう一つ気になるのがあるのです。「個人と集団」っていうヤツです。少なくともこの本の目的からすると、これも役に立たない整理なのです。
「個人と社会」って言ったときの「社会」のイメージを学生さんに聞いてみたことがあります。そうすると、「抽象的」、「縁遠い」、そういうイメージが主で、もっと言うと「冷たい」っていう感じだと言うのです。「社会の風は冷たい」とか。なるほどね。

一方、「個人と集団」の「集団」のイメージを聞いてみると、こっちは「息苦しい」、「暑苦しい」なのです。「集団生活は堅苦しい」、「集団に馴染《なじ》めない」って感じ。
「社会が冷たく思える」のは、当たり前っちゃあ当たり前です。**社会**っていうのは、人々の間に冷たい風が吹いているくらいに、スカスカなものなのです。だって、さっき見たように、基本的には身近ではない関係だからです。

一方、**集団**っていうのは、**社会**とは全然違います。社会っていうのは、いわば「集団ではない、単なる集まり」なのです。あるいは、むしろ社会っていうのは「集まっていない」と言った方がいいかもしれません。それに対して**集団**は、「何かの理由で集まっている」。だからその中では、場合によっては人間がお互いにギュウギュウ押し合ったりする。圧迫感がある。そうなったら、「冷たい社会」の方が風通しがよく見えるかもしれない。

会社と社会

個人に対して、複数の人間の集まりとして、社会を持ってきたり、集団を持ってきたりする。だけど、こうしてみると、社会と集団は全然違います。そうですねぇ、例えば分かりやすい集団として、会社を取り上げてみましょう。

例えば学校を卒業して会社に就職することを「社会に出る」と言ったりします。これ、大間違いです。だって、会社はさっきの区別を使うと、**集団**の方であって、**社会**じゃないでしょう？　会社は、友だち関係とか家族とか、そういう身近な関係とは全然違うように見える。だけど、はっきりと理由があって集まった関係なんだから、それはぜんぜん社会じゃないのです。私たちが「社会に出る」なんて言っているのは、実際には「家庭、友だちなどのものすごく身近な関係からは離れて、でもやっぱり何かの身近な関係（集団）の中に入る」ってことなのです。

だから、会社をはじめとした集団も、実は個人と社会の中間です。確かにそれは、恋人や友だちといったものとは全然違って見えます。その点は後でも確認します。だけど、会社はやっぱり社会ではないし、まして個人でもない。そういう意味では、会社をはじめとする集団っていうのも、意外に思えるだろうけど、広い意味での**身近な関係**に入ります。実際、会社員の人は「ウチの会社では……」などと言うでしょう？　そう、会社は、例えば家族のような種類の「ウチ」からすると「ソト」に見えるけど、社会という究極のソトからすると、やはり小さな集団で、社会に比べて相対的に身近な関係に入るのです。

そう、身近な関係が摑《つか》みにくいのは、こういう幅広さのためです。つまり、家族や恋人のような、いわゆる「個人的な」（という間違った言い方で言われる）関係から、会社、組織のような、「社会的」（であるように見えるけど実は社会的じゃない）関係まで、実に範囲が広い。それが身近な関係の特徴です。

具体的な生活を作っているもの

私はなんと言うか、ここはやっぱり大事じゃないかと思って拘《こだわ》りたいところはあります。実際、**社会**と**個人**の間に、家族や友達、恋人、あるいはもっと広がると会社とか、そういうのまで含めて、すごく具体的な、**身近な関係**があります。それなのに、表立って問題になるのは社会と個人ばっかり。これはやっぱりちょっと変なんじゃないのか。私にはどうもそういう気がしてならなかったのです。

私の専門はいちおう倫理学なのですが、倫理学の世界でも、個人倫理学、社会倫理学というのはあるのです。だけど、「身近な関係倫理学」っていうのはない。実際、個人も社会もはっきりしていて、そのぶんだけ考えやすいのに対して、身近な関係は具体的なだけに、かえってとても考えにくいのです。

具体的な？　そう、具体的な。というのは、個人も社会もすごく抽象的なあり方だからです。みんな「社会」という言葉は知っているし、およその意味は分かっているつもりでいるけど、誰も**社会**なんか見た人はないのです。そして、「個人」もそう。他の人との関係を取り払って、純粋に一人の人間だけを取り出したのが**個人**というもの。だけどそれは、ぶっちゃけた話が、抽象的な操作の結果として取り出されるもので、それ自体がすごく抽象的なものなのです。それに対して、**身近な関係**こそ、ふだんの具体的な生活を作っているもの。だって、ドラマや小説、漫画なんかでも、描かれるのはほとんどこうした身近な関係でしょう？　確かに抽象的に考えれば人間は一人ひとりが個人ですし、そういう個人が集まったのが社会ですけど、実際には私たちは、ほとんど常に「誰かと友達」だったり、「誰かの子ども」だったり、「お互いに恋人」だったり「誰かの部下」だったりしているわけです。

電車の座席ならどこに座る？

例えば皆さんが電車に乗るとします。中に入ってみると、あまり人が乗っていない。ガラガラな中にポツンとひとり座っているだけ。こういう場合、その人のすぐそばに寄っていって座ったりしないでしょう？　反対側の隅っこか、そうでなくても、ある程度は離れて座るんじゃないかと思います。

このことは、自分が先に座っている場合を考えてみたらよく分かる。ガラガラの電車にひとりで座っているところに、後から乗り込んできた見知らぬ人が近づいてきて、自分に体をくっつけるように座ってくる！　別に悪そうな人でなくても、違和感を覚える。っていうか、率直に言って「怖い！」って思っちゃう。

でも、もしその人が自分の家族や友人だったら？　そうしたら、すぐそばに行って座ったり、少なくとも声をかけたりするんじゃないでしょうか。そうじゃないと、「何だか水臭いなあ」と思ってしまう。

そして、もし電車に誰も乗っていなかったら？　そうしたら、もうそれはどこに座ってもいいわけです。そう、私たちは無意識のうちにこうして人との距離を測っています。自分一人しかいない。それだったら自由でいられる。文字通り**個人**の自由です。

だけど、そこに他の人が入ってくる。しかもそれが知らない人だったら適切な距離をとりたい。そう、これが社会的な関係です。だって、そうでないと落ち着かないもの。これは単に気持ちの問題だけじゃないのです。あまり近づき過ぎるとお互いを傷つけ合うかもしれないからです。

だけど逆に、家族や恋人、友達とだったら、近づいていたい。離ればなれになると寂しい。こういうのが**身近な関係**。

ほらね、三種類のあり方があるでしょう?

3　身近な関係の特徴（相互性と持続性）

片方が相手を知らない場合

さて、人間のあり方に三種類あるのが分かりました。授業でこの区別を取り上げると、かなりの人が納得してくれます。

だけどね、こういうのが曲者《くせもの》なのです。「はい、分かりました!　特に質問はありません」って言ってもらって喜んでると、実は全然分かってなかった、ということは実際によくあります。そうなのです。「疑問が思い浮かばない」っていうのは「完全に理解している」というのではなくて、「理解していないから、疑問も湧かない」ってことだったりするのです。

ふむ、少し立ち止まって考えましょう。

実際、ここにも疑問を持つ人がある程度いるのです。さっきは、他人同士の単なる集まりである**社会**と、よく知っている**身近な関係**とを区別しました。しかし、「片方は相手を知っているけど、片方は相手のことを知らない」という場合はどうなのか、というのです。

さてこれは、社会か、身近な関係か？ あるいは、実はそれ以外にもう一種ある、ということなのでしょうか？

社会か、身近な関係か、それとも？

さあ、あまりまどろっこしく考えてもしょうがないので、もう言っちゃいますけど、答えはこうです。「一方的に知っている場合」は、少なくとも身近な関係ではない、と。

なぜなら、**身近な関係**というのは、「お互いに知っている」が基本だからです。そして、そう考えると、**社会**は「他人同士の単なる集まり」と言いましたけど、これは「お互いに知らない同士」のこと（だけ）じゃないことが分かります。違いが分かりにくいかもしれませんが、社会的な関係というのは、「お互いに知らない同士」のことではなくて、「お互いに知

お互いに知らない関係	社会
お互いに知っている関係	身近な関係
一方的に知っている関係	？

っているのではない関係」のことなのです（まどろっこしい言い方だけど、すぐに分かります）。

身近な関係を「お互いに知っている関係」として、社会を「お互いに知らない同士」と捉えると、「一方的に知っている場合」の行き場所がなくなっちゃう。表にするとこんな感じ（上の表）。

だけど、社会＝「お互いに知っているのではない関係」と捉えると、「一方的に知っている場合」もその中に含めることができます。そうすると、次のページの表になります。

いや、難しい話じゃないのです。例えば、コンビニで買い物したら、レジ係の人が自分の好みのタイプだったとします。そうなると、例えば名札を見て、こっちは名前を覚えます。「小松さんっていうのか。また会えたらいいな」。

つまり私は小松さんを知っているけど、小松さんは私を知らない、っていう状態です。

さて、この場合、「関係」はどこにありますか？　そう、少なくとも**身近な関係**と言えるものはどこにもない。あるのだとしたら、自分の中だけ。

社会	お互いに知っているのではない	お互いに知らない関係
		一方的に知っている場合（片方は相手を知らない場合）
身近な関係	お互いに知っている	

例えば、私とこの店員さん（小松さん）を客観的に見ている人がいたとして、その人からどう見えるか？　そう、それはもう単に「コンビニの店員さんと客の関係」以外のなにものでもない。それはつまり、恋人でも友人でも親戚でも親子でもない。一言で言うと、何の関係もない他人です。私の方ではよく知っているつもりであっても。

例えば、友達に「小松さんが……」と言いかけて、相手が「小松さんって誰？」と言ったら何と答えるか？　そう、「よく行くコンビニの店員さんだけど……」ということになります。だったら、自分の中ではもう小松さんが特別な存在になっていたとしても、友達は「ふんふん、コンビニの人ね。それで……」と言う。つまり、友達の冷静な（客観的な、他人事の）視点から見れば、私と小松さんは（少なくともまだ）他人でしかないわけです。

だからやっぱり、私と小松さんとの間には、恋人の関係も友人関係も親子関係もない。それら身近な関係が全然ない、ということです。だとすると、自分の中では相手のことを知っていても、それだけでは、少なくとも身近な関係にならない、ということです。そう、これがさっき出てきた答え。

私の心の中での私と小松さん

私はもう小松さんのことがかなり好きになっているんで、残念と言えば残念なんだけど、これは「一方的に知っている場合」であって、「お互いに知っている」が基本の、**身近な関係**ではない。

もちろん、私の心の中では「私と小松さん」との関係もあるように思えている。だけど、小松さんの方は私を知りません。私のことをまったく認識していないかどうかは分からないけど、たとえ知っていたとしても、小松さんにとって私は、「大勢の客の中の一人」。私がドキドキしながら商品を持ってレジに行っても、小松さんはあくまで店員として振る舞いますし、私もなれなれしくしません。だから、「私と小松さんの関係」は私という**個人**の心の中だけなのです。

社会の中での私と小松さん

さて、今度はカメラを引いて、もっと広い場所から私と小松さんを見てみましょう。客観的に観察する、あるいは他人事として見てみる。そうすると、やはり私は客で、小松さんは店員さんです。私は商品を手に入れるためにお金を払う。小松さんはお金を受け取って商品を渡す。つまり、売買、取引ということになります。

お金を使って物を売り買いすることは、大きく言えば経済の仕組みです。私たちは身近な関係の中では、物をプレゼントし合ったりするわけだけど、知らない人とも物をやりとりすることができます。ただ、身近な関係の場合と違って、知らない人とやりとりする場合には、お金を使う。つまり、プレゼント、贈与ではなくて、売買、貨幣交換ということになります。

お店で物を売り買いする場合には、商品を受け取ったらすぐにお金を払う。その場で完結します。これが売買、経済のあり方の基本です。言うまでもなくこれは、**社会**的関係です。

家庭では商売?

変なことを言うようだけど、古代の哲学者アリストテレス（ウニの解剖から国家制度まで、天体論から心理学まで、「あらゆる学問の親」と言われるほどエラい人です）も指摘してることなんですが（『政治学』）、家の中で買い物ってしないでしょう? 我々は外であれこれ買い物します。だけど、家に帰ったら、買ってきたものを家族に売りつけたりしない。「いや、する！　ウチではやってた」という人もひょっとするといるかもしれないけど、珍しいと思うんですよね。

これにも理由が考えられます。さっきも出てきたように、買い物するとき、品物を受け取るのとお金を払うのは同時です。「品物だけ先に受け取って、支払いは四年後」とかそういうことはない。厳密に言えば、「分割払い」、「後払い」はあるんだけど、そういう場合は現金払いより高くなります。「支払いはいつでもＯＫ」ってことにすると、そのまま払わないで逃げられるかもしれないからです。だって基本的に客とお店は、身近な関係じゃないので、信用がないからです。だから、買い物、売買は原則的に、その場でやり取りする。仕方なくそれを延ばす場合には、割高にして、いわば保険をかけておくわけです。

これはつまり、身も蓋もない言い方をすれば、相手の人はどうでもよくて、それぞれの側（お客とお店）が欲しいのは物かお金かだからです。だから、お金ないし物が手に入ったら、それでその人との関係はおしまい（ホントに身も蓋もないけど）。

というわけで、お金でその場でのやりとりなら、知らない人ともできる。だから逆に、お金でのやり取りにすると、相手との関係はそこで切れることにもなるわけです。「金の切れ目は縁の切れ目」ということわざの通りです。

だけど、他人同士じゃない関係、そう、**身近な関係**、例えば家族の間なら「金の切れ目は縁の切れ目」ということにならないでしょう? アリストテレスが言うように、家の中で、お父さんとお母さんがお金のやり取りをしていたら、例えば、「はい、洗濯は私がやったから、その代金貰いますね。一五〇〇円。で、二〇〇〇円払うからご飯作ってね」とか⁉ うーん、これはもうその夫婦はかなりヤバそうです(もっとも、私はそれが「悪い」とまでは実は思わないのですが……)。

あるいは、恋人同士で、「はい、これ誕生日プレゼント」と言って渡したら、「いくら? はい、じゃあ一万円渡すね」と言ってお金を渡されたら? そう、そうしたらプレゼントがプレゼントじゃなくなっちゃう!

そうなのです。お金でやり取りする他人の関係が**社会**です。それに対して、そうしたその場その場でのやり取りじゃなくて、長く続く関係が**身近な関係**なわけです。

もちろん、もう気づいている人がいると思いますが、「お金でその場で」という関係は、すっきりさっぱり割り切った関係です。一方の身近な人間関係は、なかなか割り切れないし、そうですねえ、悪く言えば、ネバネバしてるっていうか。だから、身近な関係にもよい面と悪い面があるかもしれない。そう、これは後で考えないといけない。

ともかく、家庭の中では、あるいは身近な関係の中では、物をやり取りするにもお金は使わなくてもいいし、その場ですぐにお返しを求めるわけでもない。それは、お互いに知っていて、信頼関係があるからです。そして、そうしたやり取りをすることを通じて、さらに絆《きずな》が強まるからです。

それに対して、売買は関係を作るどころか、断ち切ります。やり取りはその場で完結するので、後腐れもない、さっぱりした関係です。だから、どこまでも他人に留まります。

もちろん実際には、売買も繰り返しやっていると、長い時間の間にお互いを知って、信頼関係を作ることにも繋《つな》がります。お店とお客の関係から、馴染みの店と常連との関係になって、やがてはそこから身近な関係が生まれてくることは十分に考えられる。

だけど、今問題にしている「一方的に知っている場合」だったら、こういう信頼関係も生まれない。私が心の中で小松さんへの思いを抱いていても、そして、そのことは私個人にとっては大事なことだけど、でも、客観的に見ると、私と小松さんの関係は、社会的な関係だし、社会の仕組みの上で成り立っているものだということが分かります。

相互性と持続性

さて、この章では「一方的に知っている関係は？」っていう疑問から始めて、人間のあり方について考えを深めました。結果、前の章で見た三つだけじゃなくて四つ目が見つかるか、と一瞬思ったけど、やっぱり三種だった、ということが分かりました。

もちろんこの問題（人間の基本のあり方が三つで済むのか、それとも四つなのか）は大事です。だけど、この問題を考えていく中で、それとは別な大事なことが分かってきました。「もう分かってるよ」という人もいるかもしれませんが、確認。ここで考えていることは、目に見えるとは限りません。そういう場合には、一個一個、一段一段確認していくのが確かだからです。

まず、「知っている」と言っても、「一方的に知っている」だけだったら、これは身近な関係には入りませんでした。逆に言うと、「身近な関係とは、お互いに知っている関係だ」と言えるでしょう。つまり、**身近な関係**っていうのは自分＝個人の中にだけあるような一方的なものじゃなくて、そう、相互的なものだということが分かったわけです。

それともう一つ、**身近な関係**は、そうした「お互いに」っていう関係が、一定の時間続くもの、持続的なものだということが分かりました。他人同士の関係である社会では、人と触れ合うとしても一瞬だけ、深く持続的に関わらないのが基本であるのとは対極です。

まだ考え始めたばかりだけど、身近な関係について大事な二点が分かった。つまり、身近な関係というのは、**相互的**なもので、かつ、**持続的**なものである、ということです。

こうして私たちは、一つの疑問から始めて、その疑問を解決しただけではなく、「身近な関係とはどんなものか」について、大事なことを知ったわけです。

【コラム】一歩踏み出すために

『我妻さんは俺のヨメ』という、タイトルからして昭和っぽいけど面白いマンガがあります（原作：蔵石ユウ、漫画：西木田景志、少年マガジンコミックス）。

ヘタレな高校生、青島君は同じクラスの我妻さんに憧れていて、できれば付き合いたいと思っているのですが、そこがヘタレの悲しさ、なかなか一歩が踏み出せません。暗い部屋でパンツ一丁になって悩んでいる青島君を見て、小学生の妹、しっかり者のひかりちゃんは、リンゴを剝《む》いてくれて、「何かあった？　私でよければ話聞くよ？」と言います（何せ兄妹《きょうだい》で長い付き合いなので、青島君がパン一になっているときには悩み事があることを知っているのです)。

我妻さんへの思いを話した青島君にひかりちゃんは(一〇〇円のアドバイス料をもらって!)、「では教えます　挨拶してください　笑顔で!!」と言います。青島君はなんせヘタレなので「ひかり〜〜あいさつとか無理だよ〜〜〜ハードル高いよぉ」。「お兄ちゃん　これ一番低いハードルだよ⁉」

確かに「あいさつする」っていうのは、それだけでもヘタレにとっては、心理的なハードルが高いものです。私も堂々たるヘタレなので、気持ちは分かる。だけど、その効果の高さを考えると、これがなかなかバカにできないのです。

「あいさつ」なんて言うと、礼儀的、表面的なもので大したものじゃないし、必要ない。そう考える人もいるんじゃないかと思います。だけど、それは大きな勘違い。

確かにあいさつは単なる言葉だし、心の中で感じているものとは違うので、心の中の思いが実質だとすると、言葉は表面的なものです。それどころか、ウソだって言える。

だけど、この章で学んだように、心の中で感じているもの、思っていることは、自分にとっては大きいけど、他人からは見えない。自分にはものすごくはっきり見えていることが相手には見えてない。逆に、自分にとっては相手の心が見えない。このことは、当たり前だけどとても大きな結果を生みます。我々が悩み、苦しむことの大半はこれによるのだとさえ言えます。そこから限りない苦しみも生まれてくるし、無用の対立も生じてくる。

人に誤解されるなんていうことがあります。好きな人に気持ちを疑われる。だったら、自分の胸を包丁で切り開いて、中にある気持ちを見せたい。僕はこんなに君のことを思っているのに……。

逆もあるでしょう。ソトから見ているだけでは分からない、言葉と行動とが裏腹のあの人の本当の心を知りたい……。

うん、残念ながらムリです。でも、だからこそ、黙っているだけではなく、言葉が大事なのです。もちろん、心の中で感じていること、思っていることが正確に伝えられるかどうか分からない。だけど、そもそも伝えないよりは、伝えた方がいい。そして、そのための第一歩が「あいさつ」なのです。

あいさつするなんて、恥ずかしい。あるいはカッコ悪い。だけど、それも自分の中で感じていることにすぎません。カッコつけて（あるいは恥ずかしくて）無口なままで黙っている方がいい？　それも悪くはないと思います。だけど、それも自分の中だけ。他の人から見たら、黙っているだけで何を考えてるのか分からない、そんな人に近づきたいとは思わないでしょう？

　単なるあいさつです。特に意味があるわけではない。「こんにちは」。これに何の意味があるか。もともとは「こんにち（今日）はよいお天気ですね」というような言葉だったのが縮まったものらしいけど、「今日はよいお天気」なんて、わざわざ確認するほどのことじゃない、分かりきったこと。情報量ゼロです。だけど、内容はどうでもいいのです。そう口に出すことによって、「私は少なくともあなたに対して悪意を持っていませんよ」という意思表示になります。「少なくとも喧嘩《けんか》したいとは思ってはいないのです」、「それどころか、できれば仲良くしたいと思っているのですよ」。そうした内容が、「こ・ん・に・ち・は」という五文字で伝えられる。ものすごくないですか、あいさつって？　そう、ひかりちゃんのアドバイスは非常に的確なものだったのです（もっとも、兄妹なのにアドバイス料を取ってましたけど）。

第2章

身近な関係はどんなものでないか

1　感情や気持ちではなく

誰も私を分かってくれない、人の気持ちは分からない

さて、ゆっくり進んでいきます。あまり慌てても仕方ありません。急いで答えだけ欲しがると、不確実なもの、間違ったものを摑《つか》んでしまいかねないからです。前の章でも確認した通り、一歩一歩着実に、です。

そこで、これまでに分かったことをもう一度思い出してみましょう。

「私は小松さんを知っているけど、小松さんは私を知らない」というように、一方的に知っている場合。これは**身近な関係**には入りませんでした。というのは、この場合、私と小松さんを結び付けているのは、私という**個人**の中にある、小松さんへの気持ち、一方的な感情だけだからです。もちろん、それは私個人にとっては大事なもの。だけどそれは、非常に個人的な、心理の問題です。

さっきのコラムでも出てきましたが、好きな人に気持ちを疑われたら、自分の胸を包丁で（お好みならナイフで）切り開いて、中にある気持ちを見せたい。逆に、あの人の本当の気持ちを知りたい。

だけど、冷たく思えるかもしれませんが、はっきり言って、ムリです。むしろ、自分の感情、相手の気持ちっていうところから出発するから、話がおかしくなるのです。

ええっとね、言うまでもなく感情は、悩みや対立も生む一方、身近な関係を作る大きな要因になります。っていうか、そもそも感情や気持ちがあるからこそ、他の人との関係を作ろうとも思うわけです。だけどどんなに近づいても、相手の感情、気持ちを外から見ることはできません。感情や気持ちはあくまで**個人**一人ひとりのものです。

個人的な気持ち、感情

ここからとても大事なことが分かります。ここで考えている**身近な関係**というのは、少なくとも感情だけで成り立つものではないということです。

身近な関係について考えるとき、例えば恋人や友人との関係で大事なのは、感情、気持ちと思う人はかなりいます。そりゃそうでしょう。恋人に対する愛する気持ち、愛情があるからこそ、恋愛も成り立つ、友達との間でだったら、友情があるはず。愛情にしろ友情にしろ、「情」っていうくらいなんだから、やっぱり感情の一種って感じがする……。

講義で、「恋愛や友情でいちばん大事なのは？」と聞いたことがあるのですが、やはりいちばん多かったのは、「相手への気持ち、思い」って答えでした。うん、分かるのは分かる。それこそ、気持ちとしてはよく分かる。「相手に対する気持ちなしに、愛が成り立つわけがない」と考える人も多い。極端な人は、「友情と言っても、気持ち以外には何も思い浮かびませんでした」とか「恋愛って感情そのものでは?」と言う始末です。

だけど、そういう感情だけで身近な関係が捉えられるかと言えば、必ずしもそうではないんじゃないかと思うのです。というのも、「身近な関係は感情があれば成り立つ」と考えると、積極的に困ったことになるからなのです。

感情だけではなぜダメか

注意してくださいね。感情がダメっていうのではないし、相手に対する気持ち、思いを持つのがいけないと言っているのではないのです。当然ながら、相手への気持ちは大事。ただ、それがいくら大事でも、感情、気持ちだけで身近な関係が成り立つとは言えない、というだけなのです。

例えば「一方的に知っている場合」の例として、極端と言えば極端な例だけど、次のような場合が考えられます。またまた小松さんに登場してもらいましょう。私は小松さんを密かに「好きだっ！」と思っていて、だけど気が小さくて声はかけられない。悶々《もんもん》と心の中で思いを募らせている。思いあまって、彼女がバイトから帰宅するのを後ろから密かに付いて行って家を確かめたり、夜中に家の前をうろうろしたり。あるいは、黙ってポストに手紙やプレゼントを入れたりする。これは……。そう、これはストーカーです。

たぶん、ストーカーも「自分はあの人を愛している」と思っているのでしょうし、その延長で、「この愛はあの人にも通じるはずだ」と思っている。だから、しつこくつきまとったりするんだろうと思います。だけど、小松さんからすればそんなの知ったこっちゃないし、客観的に見てもストーカーで、控えめに見ても気持ちワルいし、下手すれば犯罪者です。

だからね、もし「愛とは感情である」と考えたとすると、ストーカーの歪《ゆが》んだ愛、単なる一方的な感情も愛ってことになるし、ストーカーと被害者の関係も身近な関係に入れて考えないといけなくなります。これはちょっとなあ、という気がしなくないですか？　だったら、やはり「自分の中に相手に対する思いがある」というところ、つまり感情、気持ちだけに頼らないようにすることが大事になります。むしろ大事なのは、前の章で確認したように、相互的な関係だと。

こう言えばいいかな。私たちは身近な関係がどうやって成り立っているかを考えたい。そして、感情、気持ちは、それを説明するのに役立たない、あるいは少なくとも、説明には不十分だ。だって、感情、気持ちは何よりも個人のものだから、と。だから、いったんは感情や気持ちに頼らないで身近な関係を考えなければなりません。

2 制度や仕組みでもなく

契約の問題

前の章ではもう一つ、身近な関係というのは持続的なものでないといけないと考えました。今度はこの点を深めてみましょう。

身近な関係は、お互いに相手を知っている間柄。だから、相手との間に信頼関係があって、(もちろん喧嘩《けんか》したり別れたりといったこともあるだろうけど)、長続きする。それに対して社会では、「金の切れ目が縁の切れ目」なのでした。お互いに相手を知らないので、関係ができるとしても、例えば物を売り買いする場合のように、一瞬で終わるわけです。

法律的に言うと、そういう売り買いも商契約、売買契約の一種です。例えば、「これ買います」、「はいありがとうございます。一〇〇〇円になります」というような口頭でのやり取りであっても、これも立派な契約の一種。一瞬で終わる契約です。

だけど、例えば金額が大きい場合とか、マンションを借りるといった場合には、口頭のやり取りだけでは済みません。契約をきちんとした形で示すために、契約書を作るってことになります。面倒なことです。身近な関係の場合だったら、「甲と乙とは友達であるという契約をする」なんて書いて、署名して、といったことはしません。「友だち相手にそんなバカバカしいこと！」と思っちゃう。だけど、それはお互いに知っていて、相手を信頼しているからです。つまり、契約というのは、お互いに他人で相手のことが完全に信用できないからこそ、つまり、社会的な関係の中だから必要になるものなのです。

社会は制度、仕組みで成り立つ

さっきは、感情、気持ちについて、それらは（少なくともそれらだけでは）身近な関係の成り立ちを説明するのには足りない、それらは**個人**のものだから、と考えました。それと同様、契約をはじめとする手続きや仕組み、制度も、身近な関係がどう成り立っているかを説明することはできない、ということになります。だって、それらは**社会**的なものだから。

こうしてみると、個人の中には感情、気持ちがあり、社会の中では交換、契約といった仕組み、制度がある。一方には私の心、内面での心理があり、他方では社会があって、それを支えているのが、経済や司法の制度といったものらしい。
それに対して、私たちの日常生活を作っている第三のものは、単なる私の中の感情、気持ちだけでも、単なる仕組み、制度でもない、ということになります。

社会……………制度、仕組み
身近な関係……?
個人……………感情、気持ち

関係を生み出す

さて、ここからどのような教訓が得られるでしょうか。
社会で大事になってくるのは、人びとの利害を調整する仕組み、制度です。社会の中では人びとは他人同士。だから、場合によってはぶつかったり揉《も》めたりもする。だったら、それを何とか収めなければならない。だから、社会ではそのための仕組みが必要になる。裁判なんかはその最たるもの。そのために用意してあるのが法律です。これは、社会の中で議論して、作り出すものです。日本の場合だったら、我々が選んだ代表である国会議員が議論して法律を作る、ということになります。

それに対して、**身近な関係**は、こういう制度とはちょっと違うのです。

そして、社会の反対側に**個人**があります。個人、つまり、それぞれの人の心の中には、感情、気持ちがある。これは、いわば自然に湧いてくるようなもので、自分で作り出すというようなものではありません。だから自分でもコントロールできないし、どっかから生まれ、どこかに消えていく、非常に不安定なもの。だからこそ、さっき見たように、こういう一方的な感情だけでは関係は成り立たないし、関係のようなものが生まれても、長続きしない、ということになります。

個人の感情は、考えたり作ったりしなくても、自然にある。それに対して、社会の制度は我々が考えて作り出すもの。それに対して身近な関係は、その中間だと言えるかもしれません。それは、個人が内心で抱く感情のように不定型で変化しやすいものでもなければ、社会の中で十分な議論の上で成り立つべき制度のように確固としたものでもない。制度よりははるかに変化しやすい。しかし、感情のようにふわふわしたものではない。勝手に、自然に湧いてくるものではないが、かといって、制度のようにがっしりしたものではない……。

そうなんですよ。社会について考えるには、制度や仕組みを考えればよい。個人について考えるには、感情、気持ちをベースにすればよい。だから社会や個人は今までも論じられてきたわけです。だって論じやすいから。感情や気持ちは自分でもリアルに感じられるし、制度や仕組みもはっきりしたものだからです。

だけど、どうも身近な関係はそうではない。なかなか論じにくい。実際、友情や愛について論じた本も、個人か社会か、どちらかをモデルにしているものが多かったです。例えば、友情を対等で平等な公共的なものと考えるとか。だけど、それならそれは友だちでなくても、身近な関係じゃなくてもいいじゃないか、それはむしろ、社会の問題じゃないのかと思えます。一方、「友情とは感情だ」、「心に愛を抱くことはとても大事だ」というのを強調する本があります。私もそれを否定しません。だけど、それだけで問題が解決できるとは思えないのです。それは個人の問題であって、身近な関係の問題じゃないからです。

じゃあ、身近な関係とは何か。どういう手がかりから考えたらよいのか。それが問題になります。そして、それをどう作っていったらよいか。

ふむ、私たちの課題は、なかなか厄介なものだということが分かってしまいました。だからこそ、一歩ずつなのです。

3　距離でもなく

偏見を洗い流す

私たちは、知らず知らずのうちに、いろいろと常識的な考え方、見方に縛られがち。いや、常識が全部悪いわけではありません。だけど、中にはちょっと困ったものもあるし、少なくとも不正確というか、そういうものもある。だとすれば、そういうもの、偏見になりかねないものは取り除いておいた方がよい、ということになります。

思い返してみると、さっきの節では、まず「身近な関係を作る基礎は感情だ」というイメージを取り除きました。感情、気持ちは個人の中にあるものにすぎないからです。感情、気持ちだけを頼りにして身近な関係を考えちゃうと、それはもう偏見に近づきます。そしてもう一つ、制度とか仕組み、契約なんていうのも、身近な関係の本質ではないことが分かった。それらはむしろ、社会的なものだと考えた方がいい。

こうして、身近な関係にいろいろとこびりついている偏見を洗い流す作業が必要。この章のテーマは（今さらだけど）、そういうクリーンアップなのです。では、他に余計なもの、取り除けるものがあるでしょうか。

距離の問題

社会の中では人びとは基本、他人同士です。他人同士なら、もちろんお互いにぶつからないように気を付けなくちゃいけない。そのためのベースになるのが、「離れる」っていうことです。コロナ禍でソーシャル・ディスタンスという言葉が使われるようになりました（言葉として前からあったのですが、改めてクローズアップされるようになった）。問題が起こりそうだったら、離れるのが得策。近づきすぎると互いに傷つけ合ったり害を及ぼしたりしやすいから。

だけど、身近な関係はそうはいかない。遠いような近いような、あまり近づきすぎると窮屈だけど、離れすぎると寂しい。そういう難しいのが身近な関係なのです。

そうすると、問題は「近いか遠いか」ってことになる？　うん、だったらこれはつまり、距離の問題だということになります。そもそも「身近」っていうくらいなので、問題はまさしく「近さ」だったわけで。実際、「人と人との距離」とか、「他の人との距離感」とか、そういう言葉を日常でもよく使うんじゃないでしょうか。

距離、量、操作

私が見てみた、愛や友情に関する本でも、かなりの本は人との距離をどう測るかを問題にしていました（というか、ほとんどがこのパターン）。

うん？　測る？　そう、距離というのは測れるものなのです。そのはずです。こういうのを「量」と言います。例えば、このケーキがおいしいかどうかというのはケーキの質に関わります。それに対して、このケーキの大きさ、あるいは重さ、そういうのは量です。

量は測れます。いや、測れるものを「量」と呼ぶ、と言った方がいいかも。「このケーキがおいしいかどうか」は、人によってかなり違うでしょう。それに対して、ケーキの大きさなら、物差しを当てれば測れてみんなで確認できるわけです。そう、客観的なのです。

で、測れたらどうなるか。足したり引いたり、掛けたり割ったりできます。計算できるわけです。ヒモがあって、測ってみたら長さ五〇センチ。これを二で割ると、二五センチ。そして、それを頭の中で計算するだけじゃなくて、実際に実行して、長くしたり短くしたり、重くしたり、軽くしたりできます。こういうのを「操作」と呼びます。そして、そうした操作を可能にするものが、いわゆる「技術」なのです。

距離への疑問

だけどね、ここでちょっと疑問。人間関係って、ホントに距離なのかな、っていう気がするのです。

人間関係を距離の問題として捉えると、確かに都合がよい。だって、人間関係が距離なんだったら量として測れて、測れたら操作できることになるからです。

大げさなようですけど、科学っていうのは人間が生みだした学問のうち、大成功したものの一つ。だけど、そこそこ長い学問の歴史のなかで、科学は比較的新しい。学問的なものが生まれたのは二、三千年前ですが、科学は二、三百年の歴史しかないのです。だけど、大成功して、急速に発達した。その秘密は、科学が量だけに注目したことにあります。だって、量なら正確に測れて、うまくすればそれを技術の力で操作できるようになるからです。

しかしね、これは万能の方法ではない。というか、人間関係の場合には、かなり難しい。だって、そりゃ相手が物の場合だったらいいですよ。動かないし、物差し当ててもじっとしてくれているから。そう、科学は基本、物に関して発達したものだったのです。だから、そこから技術も発達しやすかった。物を操作したり、作ったり、こっちの思うようにできる。

ところが人間関係は、相手が人間で……。

もちろん、人間に関しても、測ったり操作したりすることができます。部分的にはね。例えば、人間だって体を持っていて、これは物と同じ物体なわけだから、大きさや重さを量ったりできます。それに、人間の心の動きだって、計測できたり、場合によっては操作できたりもする。そのための科学だってあります。そう、心理学です。

私は科学者じゃないけど、そういうのも大事だと思います。だけど、人間関係って、客観的に計測したり操作したりというのとは違うんじゃないだろうか。距離を測るどころか距離が取れなくなって……。そう、だから人間の関係は難しいのです。

距離ではなく種類

そうなんです。「人との距離」なんて言っているけど、実際にはきっちり計れるような距離とは違う。何か「距離感」というか……。あるいはひょっとしたら、もう種類が違うのかもしれない。距離の問題じゃなくて、関係の種類の問題。

友達が思いもかけない変なことを言ったりしたりしたら、「うわー、引くわ」と思う。「引く」っていうのは相手から離れることなわけで、これも距離の表現です。で、実際にちょっと（物理的な）距離をとって離れたりといったこともあるかもしれないけど、それだけじゃない。だけじゃないというより、むしろ、「引く」ってつまりは、これはもう単に距離という量的な変化じゃなくて、関係の種類の変化だ、と考えた方がいいかもしれません。

4　種類も超えて

種類についてどう考えるか

だけどこの種類っていうのがねえ、また曲者《くせもの》なのです。

問題が距離なら、その単位があるはずです。何メートルとか何センチとか。そして、その単位が決まれば、後は同じ尺度を適用して測るだけです。だけど、もし種類だとすると、たぶん幾つもの種類を設定しなければならない。そして、その一つ一つがどんなものなのかを決めていかなければなりません。

例えば、友人、恋人、あるいは夫婦や親子、お隣さんに町内会、クラスメート、同窓会などなど。そう、切りがないのです。さらに問題なのはその一つ一つについて「友達とは何か?」、「恋人とは何か?」を考えなければならないってことです。

ふむ、困った。何だか袋小路っぽい。

血のつながり？

友情なんかはなるほど難しそうだけど、例えば親子なんかの場合だったらすごく分かりやすいように思えます。だって、親子は血が繋《つな》がっているわけで、だから親子になっているんだから。だったら、身近な関係の全部とは言えなくても、少なくともその一部は、血のつながりっていう基礎があって、その土台の上に関係が成り立っている、と考えられるのではないでしょうか。

身近な関係には「親子関係」っていうのがあり、それは血のつながりという基盤を持っている。別な言い方をすると、「親子関係とは、血のつながりがあるものである」という定義ができるっていうことです。

うーん、確かにイメージではそうかもしれないけど、残念ながら（？）、事実は全然そうではない。実際、「親子」で血のつながりのない人たちなんて山ほどいるわけです。例えば、もし「親子」を血のつながりで定義したとすると、養子縁組で「親子」になった人たちは本当の親子ではないことになる。

もちろん、血のつながりで親子になっている場合は多いでしょう。だけど、「血のつながり＝親子」とはとうてい言えない。

種類ごとの基盤？

例えば、こんな例もあります。「地縁」、「血縁」という言葉がありますね。「縁」というのは、この場合はつながりってことで、その原因、基礎に当たるのが地と血です。しかし、私は最近、面白い言葉を知りました。「身近な関係ってことになると「町内会」についても考えた方がいいだろうか？」と思って見てみたのが『町内会の研究』（岩崎信彦ほか、御茶の水書房）という本です。これは近畿圏を中心に、さまざまな町内会を詳しく調べた、六〇〇ページ以上ある大きな本です。しかし、こういうことを調べるためには、まず「町内会とは何か」っていうことを、ざっとでも定義しておかないといけません。この本はちゃんとそうしています。で、今までは町内会っていうのは、「地縁のコミュニティ」だと見られてきた。ところが、現代の町内会はそういうものとはちょっと違う。自然に生まれてきたグループ（コミュニティ）ではないし、町内会に属している人たちも、昔から代々その土地に暮らしてきた人たちというのではなくなっている。そこで、この本では、「住縁アソシエーション」という定義をしていました。つまり、その土地に生まれた人たちというより、その土地に暮らすようになった人たち、つまり住民が主体となって必要のために作った団体（アソシエーション）だと。

私はこういう研究はとても大事だと思います。こういうアイディアを出すのは大賛成。だけど、町内会についてだけ詳しく研究するのならそれでいいのですが、私たちのテーマは町内会だけじゃありません。もっと気になるのは、恋愛だったり友情だったり親子関係だったり、あるいは会社での上司と部下の関係だったりする。だとすれば、こういういろんな種類の集まり、グループ、関係を挙げていって、それぞれを「地縁」とか「血縁」とか「住縁」とかとして見るっていうのは、私たちにはあまり役立たない。そして、それぞれの種類の成り立ち、さっき出てきた言葉を使えば「縁」を一つ一つ考えていっても、親子と言っても血のつながりはダメだし、町内会と言っても、ここは血縁が強いとかこの地方では地縁が強いとか、その基盤を一つひとつ確定していくのもなかなか難しい。

役に立たない「友達」

今までもほのめかしてきましたけど、私がこの本を「友情について」、「恋愛論」といったタイトルにしなかった理由もここにあります。

「私と彼とはいったい友だちなんだろうか」、「二人の関係をどうしたらいいんだろう」。この本は、まえがきに書いたような、こういう、ものすごい素朴な疑問というか、そういうところから出発しています。だけど、こうして考えて来ると、そもそも「二人は友だちなのか」という疑問そのものが的外れだったっていう可能性があるのが分かります。

この本では、身近な問題について一定の答えが出るところまで行きます。だけどその答えというのは、「私と彼とはいったい友達なんだろうか」→「はいそうです」というようなものではありません。というか、こういう「友達」、「友人」、「恋人」、「パートナー」などと言っている言葉はほとんど役に立たない、だから、取り除いた方がいい、というのがこの本のスタンスだからです。「ええっ？」って思う人がいるかもしれませんが、本当なのです。

例えば「友達」と言っても、「親友」から「幼馴染《おさななじ》み」から「クラスメイト」から「知り合い……？」っていうのまで、「友達っちゃあ友達だけどなあ」的な範囲が広すぎて、いざとなると、ちゃんと使うのは難しいでしょう？

そうですね、また方便さんに登場してもらいましょう。方便さんと私は（こう言うと少しさみしい気はしますが、ぶっちゃけた話が）、「友達」ではないでしょう。「恋人」でもない。「親子」でもなければ、「師弟」でもない。そう言うと、「そりゃ、著作家と編集者の関係に決まってるだろう」などと言う人がいるかもしれません。そりゃそうかもしれません。

しかしね、これはちょっと答えになってなくないですか？　だって、「著作家と編集者の関係」とか、あるいは「仕事上のパートナー」というのは、社会の中の仕組みの話であって、私と方便さんの関係をちゃんと言い表す言葉じゃない気がするし。私は、私と方便さんの関係を、いわば社会的な観点から第三者的に見てどうだってことを知りたいんじゃなくて、自分たちにとってどうなのかを知りたいのです。

そう考えると、実は、「友達」、「恋人」、「親子」といったものも、ほとんどは、本人たちの関係を表すものではなくて、本人たちの関係を外から見て、他の人たちが付けた名前じゃないでしょうか。そう、だから役立たないのです。

偽物の「友だち」

なるほど、部外者っていうか、第三者からすればそれは一定の役に立ちます。「田中君と吉田さんは恋人だから、僕は吉田さんにちょっかいを出してはいけないな」とか、「佐藤さん宅は教育がなってない、あそこの子どもたちをなんとかしたい」と思っても、「でも、よその親子関係に口出しするのもなあ」とか。

でも、それは第三者から、外から見た場合のことで、本人たちにとっては役に立たない。

そう、「友情」、「親子」、「恋人」といった言葉は、大げさに言えば偽の言葉なのです。ところが私たちは、そういう偽の言葉に騙《だま》されて、自分たちについても、ついつい、「私と方便さんは友だちだろうか」なんて考えて悩んでしまう。それどころか、「恋人だから」というので暴力をふるう人、それを我慢する人がいたり、「親子だから」というので虐待が起こったり、「友だちだろう?」と言ってパシリさせられたり。そんな人を騙したり縛ったりする言葉がホンモノなのでしょうか?

「いや、それは本当の恋人じゃないんだ」とか「「友だち」という言葉が都合よく利用されているだけだ、ホントの友情はそんなものじゃない」と言う人がいるかもしれないけど、だったら、「本当の恋人、ホントの友情って何?」ってことになります。

「友達」、「恋人」、「親子」はホンモノの言葉じゃないんじゃないか、それどころか、人々を縛ったり騙したりする言葉なんじゃないか……。こういうふうに言うと、「ヘリクツ」だと言う人もいるかもしれません。でも、そうじゃないのです。

ただ、あまり深刻になってもあれなので、もうちょっとおとなしい例を。例えば、スキューバダイビングが趣味の田中君と吉田さん。彼らについて、A君とB君が会話しています。

Ａ：田中君と吉田さんね、あの二人は付き合っているよ。
Ｂ：ふーん、付き合ってるって？
Ａ：えっ？　いや、恋人ってことだけど。
Ｂ：恋人か。どうやって知り合ったの？
Ａ：うーんと、二人ともスキューバダイビングが趣味だったから、海で出会ったらしいよ。
Ｂ：今でもいっしょにスキューバダイビングに行くのかな？
Ａ：そりゃそうじゃないかな。
Ｂ：だったら、友達じゃないの？
Ａ：いや、だから恋人だって。
Ｂ：うん、それは分かったけど、今でもスキューバダイビングが趣味の友達と言ってもいいんじゃない？
Ａ：……。だからね、友達だったんだけど、恋人になったわけだよ。
Ｂ：ええと、恋人になったら、友達じゃなくなるのかな。
Ａ：そりゃそうだろう！
Ｂ：でもさ、恋人になっても、二人ともスキューバダイビングが好きで、言うならダイビング仲間じゃん？　だったらやっぱり、友達じゃないの？

途中まではA君もお付き合いしてくれるかもしれませんが、ここまで来ると、「もうめんどくさいなあ、恋人なら恋人でいいじゃん」とか「はいはい、分かった分かった、友達だよ友達！」とか言い出すかもしれない。

そうなんです。もちろんB君の言うことは一見するとヘリクツっぽく思えるけど、正しい。一方、A君の方はかなり適当な言い方をしていることが分かってしまいました。そう、「恋人」、「夫婦」、「友達」、そういう言葉は「面倒くさいから、とりあえず使っておこうか」っていうものにすぎないのです。だから、ちょっと誤解を招くかもしれないけど、あえて強い言葉を使うなら、「偽物」ってことになるのです。

改めて、関係の種類というか、関係の基盤の種類

だったらどうするか。「友達」や「親子」といった、よく知っているつもりでいて、だけど、実際のところはよく分かっていない言葉をなんとか騙し騙し使っていくか、そうでなければ、全く新しいやり方で身近な関係を捉えるか、です。そして私は、ここでは、後者のやり方を取ってみたいと思っています。

　私が考えていることをあえて極端に言うと、「友情なんてない！　恋愛なんてない！　そんな目に見えないものに騙されるな！」ということになります。そうではなくて、身近な関係を丸ごと、一網打尽にできるような整理の仕方を考えたいのです。距離（量）でも種類（質）でもなく関係の基盤、それぞれの関係がどのように成り立っているかという関係の基礎、そうしたものを考えたいのです。

　もちろん、これも簡単ではないかもしれません。だけど、やってみる価値はある。そして、あらかじめ言っておくと、やってみたらこれがなかなか、完全かどうか分からないけど、ちょっとうまくいったんじゃないかな、と思うのです。

　だからみなさんには、次の章からの内容を読んで、それが実際にうまくいっているかどうかを判定して貰いたいと思うのです。

【コラム】夫婦の問題

夫婦の問題

さて、夫婦っていうのは、身近な関係の代表的な例だと言ってもいいでしょう。私はあなたの夫であり、あなたは私の妻である。お互いの関係である。つまり、相互性が成り立っているわけです。しかも、共同で生活を続けていくわけだから、持続性もある。なるほど、これは身近な関係だ。

この「夫婦」について、近年大きな話題になっているのが夫婦別姓制度です。年配の人たちの中には「結婚すれば同じ姓にするのが当たり前」と思う人もいますが、若い人たちの中には、「結婚したいけど、それぞれが自分の姓を使いたい」という人たちもいて、中には婚姻届をしないで、だけど実質的には結婚しているのと同じ共同生活をする、という人たちもいます。こういうのを「事実婚」などと言っています。

夫婦別姓の問題は別に考えることにして、今はこの、いわゆる「結婚」と「事実婚」の問題を考えましょう。つまり、「結婚」には二種類あるわけです。では、どこがちがうか。

「事実婚は本当の結婚じゃない」と思う人もいるかもしれませんが、ぷぷっ、考えてみれば面白いですね。「事実婚」っていうのは、「実質的には結婚しているのと同じ」なわけです。それを「本当の結婚じゃない」と言うのは明らかに変です。では、どこが違うか？

夫婦の問題、解決編

もう分かっている人もいると思います。「夫婦である、結婚している」というのは、生活を共にしているっていうことでしょう。ここには持続性も相互性もあって、立派な「身近な関係」です。そして、それが最も純粋な形になっているのが事実婚。それに対して、いわゆる「結婚」は、「生活を共にしている」というだけではなくて、そこにプラスアルファがあるわけです。そう、それが婚姻届を役所に提出しているっていうことです。これは明らかに手続きの一種で社会の仕組みです。

そうなのです、実はいわゆる「結婚」、「夫婦」というのは、身近な関係であると同時に、それを社会的に認められるようにしたものなのです。だからここには、身近な関係と社会的な関係が重なって表れてきていることになります。

「うすうす」から「はっきり」へ

さて、学んだことがあれば、使ってみたい。今の問題はそうした一例だと考えてくださ い。もちろん、「そんなこと最初から分かってた!」と思うようなことだったかもしれま せん。だけど、それは「うすうす分かってた」っていうことなんじゃないですか? もち ろんそれはそれで大事なことだけど、ただ「うすうす分かってた」というのは、「はっき り分かっていなかった」っていうこと。だから、そこから次へと考えることができないの です。たとえ「以前からうすうす分かってた」ことであっても、こうして「はっきりと分 かった」となれば、それであらためて次に進める。だから、それだけで大きな前進です。

第3章

タテとヨコ

1　タテかヨコか

抽象的に考える

では、改めて始めましょう。私たちは、関係のあり方について、しかもどんな場合にでも対応できるように網羅的に考えたい（贅沢《ぜいたく》と言えば贅沢だけど）と考えました。だったら、具体的な例にこだわりすぎるより、逆に、具体的な場合、個々の細かい事情を省いて、思い切って抽象的に考えた方がいいのです。「抽象的」って言うとそれでもう身構える人がいるかもしれないけど、別な言い方をすれば、「具体的な細かいところを取り除いて、ものすごくざっくり整理すると」っていうことなのです。

こんな言い方をするとびっくりかもしれないけど、「具体的」っていうのは、必ずしも分かりやすいとは限らないのです。授業で聞くと、「小学校、中学校では、「具体的に説明しなさい」とずっと言われてきた」という人がかなりいます。「抽象的＝あいまい」、「具体的＝はっきり」という感じで捉えていて、「抽象的＝あいまい→分かりにくい→ダメ」と思い込んでいたというのです。でも、考えてみれば分かると思うのですが、自分に興味ないことを具体的に詳しく細かく延々と話されても全然分かんないでしょう？　確かに人間関係は複雑ですけど、その分だけ具体的な場合が無数にある。だから、「方便さんと私」とか「吉田君と小島さん」とか、他にも例えば「イヤな上司との付き合い方」とか「ご近所トラブルを避ける方法」とか、気になることは山ほどあるけど、そういう細かい話ばかりしても終わりそうにありません。

だったらむしろ、細かいところを省いて、抽象的に考えた方が分かりやすい可能性があるのです。実際、「複雑」っていうのは実は「それぞれの具体的な事情は複雑」ってことであって、人間の基本的なあり方はもっと単純かもしれない。

町内会長同士の関係

とか言いながら、まずは具体的なところから。

私は前に『ふだんづかいの倫理学』という本を書きました。実はそこでも身近な関係を考えていて、その一例として、町内会についても少し書きました。ちょうどその年、私自身が町内会長になったからです。

そうすると『ふだんづかいの倫理学』を読んで下さった方たちから「平尾さん、町内会長なんですってね！」とか、まぁ、からかい半分というか、よく言われました。「他のところも読んでよ！（そしてできたら褒めて！）」とこっちは思うんだけど、町内会って、今では特に都市部ではかなり減っているんで、珍しがられたらしい。

でも、私だって初めてのことで、最初は全くよく分かっていませんでした。月一くらいで町内会長たちが集まる会合があるなんていうのも初めて知りました。で、町内会長同士はヨコ並びなんだけど、中に自治連合会の会長さんっていうのがいて、だけど、連合会長の上にも人がいて、区単位とか市単位とか都道府県単位とか、いわばタテに階段状になっているわけです。無知な私は「ほうっ！」と思いました。

中根さんとベネディクトさん

別にそれほど町内会に拘《こだわ》りたいわけじゃないのですが、ここには身近な人間関係の基本がすごくよく出ていると思えて、日本社会についての名著として知られる『タテ社会の人間関係』という本のことも思い出しました。社会学者の中根千枝さんが書いた本で、もう古い本になりましたが、一〇〇万部以上が売れていて、英語版もあって、世界的にものすごくよく読まれているようです。続編も、続々編まで出ています。

実は中根さんの主張は、それ以前の有名な日本人論、ルース・ベネディクトさんの『菊と刀』に対する反論なのです。ベネディクトさんは、アメリカと日本が戦争していたとき、アメリカ軍の依頼で、日本人の考え方の特徴を研究しました。その結果、欧米は「罪の文化」で、日本社会は「恥の文化」だと主張した（本当はそればかりじゃないのですが、よくそう整理されます）。つまり、キリスト教の影響の大きい欧米では、神様という上位の存在がいつでも私たち人間という下々の者を見ていて、人間が悪いことをすると、上の神様に対して罪を犯したことになる、と考える。そう、タテ関係。一方、そういう宗教の伝統がない日本では、人びとの間での水平な関係が強く働く。だから、他の人びとに対して「恥ずかしいこと」をしないようにしようとする、というわけです。こっちはヨコ関係。

こうして見ると、お二人の意見は全然違う。ねっ、面白くないですか？

タテとヨコ

いや、別にお二人の喧嘩《けんか》を面白半分に煽《あお》りたいわけじゃないのです。私が面白いと思うのは、お二人の意見は全然違ってるように見えるけど、実は考え方の基本は同じだからです。ベネディクトさんは日本ではヨコ関係が中心だと見ているのに対して、中根さんはタテ関係が基本だと見ている。意見は全然違う。だけど、その違いは人類学や社会学の中での話。それはそれで議論してもらえばいいけど、私たちからすると、それはどっちでもいい。いや、投げやりなことを言っているのではなくて、日本での人間関係という具体的なものを相手にすると、こういう意見の対立が起こるけど、でも、お二人とも人間関係を「タテかヨコか」という抽象的な枠組みで見ているという点は共通なわけでしょう？　だったら、細かいことを省いて言えば、「人間の関係にはタテとヨコがある」ってことなのです。

実際、「ヨコだ！」って言っているように見えるベネディクトさんも、日本では上下関係、タテの関係が厳しいということは散々指摘しているし、中根さんだってヨコの関係がないと言っているわけではないのです。当然ながら、日本社会であれ欧米社会であれ、程度の違いはあってもタテの関係もヨコの関係も当たり前にあります。だから、「日本が～」とか、「キリスト教が～」とか、そういうのを取り除くと、人間の関係は垂直か水平か、タテかヨコかという二つに分けられるのは確か。しかも、実はこれ、人間の関係について考えた原点、アリストテレス先生の考えにも見られる、非常に由緒正しい（？）捉え方でもあるのです。

よし、いけそうです。身近な関係はどのようにできているか、それによってどんな関係が区別できるか。それは、**タテとヨコ**。

タテかヨコか

意外かもしれませんけど、人間の関係にはこの二種類しかありません。だって、この観点から見る限り、どんな人間関係も**タテ**か**ヨコ**か、どっちかに分けられるからです。実際、それ以外に何かありますか？　いや、ないんですよ、これが。

例えば、私は連れ合いといっしょに暮らしています。これは**ヨコ**の関係です。もちろん、場面場面ではどっちが強いとか、そういうことはあります。例えば、私はパソコンも機械類も苦手なのですが、連れ合いは得意です。一方、料理は私の方が得意。作れば連れ合いの方が上手だけど、私は忙しいときにも手早く短時間で料理するのです。だから、個々の場面ではどっちかが主導っていうのもあるにはあるけど、お互いに人間として上下があるわけではない。基本的には同等です。これが**ヨコ**の関係です。

だけど、例えば、そうですねえ、私が講義している教室では、私がやり方を決めて授業を進め、学生さんはそれに従います。だから、基本的に私と学生さんの関係は、上下関係というか、**タテ**の関係になるでしょう。他には例えば、親と子の関係なんかも**タテ**でしょう。

また町内会に戻ると、お隣さんとウチとは**ヨコ**の関係です。別に上下はない。だけど、二軒隣の山下さんは今年の町内会長で、いろいろとお世話になっています。ここには**タテ**の関係があります。ほか、親子関係なんかも**タテ**の関係でしょう。会社や役所での上司と部下、部活での先輩と後輩、こういうのも**タテ**でしょうねえ。

一方、仲のいい友達仲間だったら（ジャイアンみたいのがいなければ）、**ヨコ**がベースになるでしょう。私もいちおう学会なんかにも入っているのですが、そういうところではお互いに対等です。そう、**ヨコ**。もちろん、偉い先生もいるし、年齢の上下もあるけど、でも、少なくとも建前上は対等なのです。

具体的な事情はそれぞれ。だけど、基本的な型っていうか、タイプはある。ふむふむ。

2　タテとヨコの違い

タテの関係と相互性

だけど、こういう疑問が生まれるかもしれません。私たちの出発点は、身近な関係は一方的なものではなくて、相互的なものだっていうところでした。だけど、ここで見つかったタテの関係っていうのは、一方的なものなのじゃないか、っていうことです。

例えば親子関係の場合、これは「親が子どもを育てる、親が子どもの面倒をみる」という、親から子への一方的な関係であるように見えます。だったらこれは、相互的な関係とは言えないんじゃないの？　実際これ、講義していてもよく出てくる疑問なのです。

だけど考えてみると、これはやはり、一方的な関係とは違います。もちろん、例えば親子関係で言えば、特に子どもが赤ん坊の頃には、それこそ一方的に親が子どもを世話するだけのように見える。だけど考えてみると、そもそも親だって子どもがいなければ親じゃないのです。子どもがいて初めて、人は親になれる。そういう意味で言えば、「親は子どもに対して一方的に世話をする、働きかける」という見かけとは違って、実は相互的な関係になっているわけです。

分類するだけじゃなく

こうしてタテとヨコ、二種類の関係が区別できました。区別する、分類するというのはとても大事で、これで理解は、少なくとも一歩は前進しました。

だけど、前にハードル上げましたよね。だって、「友情」とか「恋愛」とか、そういう言葉は、実は正確に使えないから（極端に言えば、偽の言葉だから）、いったんそれらを取り除いて新しく考えよう、と言ったわけです。何のためか？　それは、私たちの人間関係での悩みを少しでも解消する、よりよいものにするためにです。

だったら、単に分類するだけではなくて、それをどう使えるかがより大事です。だけど、そのためには、この二つの関係の違いをはっきりさせておく必要があります。

対等か対等でないか?

前に出てきた言葉で言えば、恋人や夫婦の場合、実際にはどっちが強いといったことがあっても(例えば、夫婦の場合なら、いわゆる「亭主関白」、「かかあ天下」)、建前上は対等。夫婦や恋人の場合ばかりじゃなくて、例えば友達仲間や趣味のサークルみたいなのでも、上下関係はあまり問題ではなくて、というか、そういうのはない方がよくて、お互いに対等なのが望ましい、ってことです。そう、**ヨコ**ですね。

それに対して、親子や師弟関係、あるいは上司・部下や先輩・後輩なんかの場合、これはどうもお互いに対等だとは言えない。いやだと思っても上下関係的なものが入ってきてしまう。うん、**タテ**の関係。

だけど、「**ヨコ**と**タテ**とは、つまり対等と対等でないのとだ」というのは、確かにその通りではあるんだけど、なんかまだぼやーっとしてます。それだけじゃあまだうまく使えない。

何のための上下か

そうですね、こう考えてみましょうか。**タテ**の関係は上下があるわけで、「上が下を育てる、指導する、支配する……」という形になりそうです。これを下から見ると「育てられる、指導される、支配される」ということになる。「育てられる、指導される」あたりはいいとして、「支配される」はあまり嬉《うれ》しくない。別な言い方をすれば、「従属する」、「服従する」とかになる。うん、やっぱり、あんまり……。

それに対して**ヨコ**の関係は対等です。タテの関係に見られるような「～される」というのがない。つまり、簡単に言えば、独立、自由、ってことになります。なるほど！

そうなると、「タテはうっとうしい」、「ヨコの方がいい！」ってことになるかもしれません。だけど、タテの関係がこれほどよく見られるってことは、これもそれなりに（？）意味があるのかもしれない。では、何のためにタテの関係があるんでしょう？　確かに、一般的に考えて、人間に上下なんかない方が、**ヨコ**の方がいい。だけど、もし**タテ**の関係になっているのだったら、そこには何かの必要性があるんじゃないでしょうか。

必要かそうでないか

例えば、私たちは生まれてきても、そのままでは生きられません。だから、親子か、そうでなくとも、保護者、養育者が必要になります。なければ、赤ん坊なんかだったら、そのまま死んでしまう。ここでは**タテ**の関係がなくてはならないのです。

こういう親子関係に近いのが、師弟関係、先生と生徒の関係です。ひとまとめにしちゃうんだったら、「教育」ってことになるでしょう。これも必要な、しかもタテの関係です。教育の場合は、「なければ死ぬ」とまでは言えないかもだけど、少なくとも現代の社会では、最低限の教育がなければ、まともに生きていくのが難しくなっているのは確かです。

もちろん、まだこの点は考えなければならないけど、こうしてみると、ひとまず、タテの関係は「必要」と関わりがあることが分かります。

それに対して、例えば、趣味のサークルなんていうのは、同等でいいでしょう。これは**ヨコ**の関係です。では、こういうのは「必要」な部類でしょうか？ もちろん、メンバーにとってそのサークルが大事であることは十分にあり得ます。ただ、いつでもそうか、全ての人にとってそうかと言えば、それは違う。だから、大事だとしても必ず必要とは言えない。

もちろんこうした点は後で詳しく検討するんですが、ざっと見て、どうもタテとヨコは、必要かそうでないかで大きく違うらしいのです。

3　「タテとヨコ」の使い方

親子の場合

さて、これで「タテとヨコ」が少し使えるヤツになりました。実際に使ってみましょう。

一般的に考えて、人間に上下があるのは好ましくはない。しかし、何かちゃんとした目的があれば、そうしたタテの関係が必要な場合もある、ということが分かった。だったらこのことを元にして、その関係がちゃんとしたものかどうか、関係を直すのなら、どう直していけばよいかも、ある程度は分かってきます。

例えば、保護者と子どもとの関係なんかは、必要があってできているタテ関係の典型的な例でしょう。その場合、目的となるのは、子どもを育てるってことで、逆に言えば、そうでなければ、そもそも子どもが生きることさえできなくなってしまうから。だから、どうしたって子どもに対しては親、保護者が必要になる。そして、たとえそれが上下関係であっても、その目的のためであれば、必要な限りで認められる、ということになります。

だけど、例えば、「子どもの保護や成長のため」という目的を超えたところまでこの上下関係が働くということになると、これは本末転倒です。保護者が子どもの全てを決めてしまう、なんていうことになると、それは望ましくない関係となる。子どもは親の所有物ではないからです。それはもはや、「人と人との関係」ではなくて、「人と物の関係」にすぎません。それは相互的な関係ではなくて、一方的な関係に過ぎないのです。

「親子」ではなく、「タテとヨコ」が基本

「タテとヨコ」なんて、これだけではとても抽象的です。だから、この後では、もう少し詳しく見てゆくことになるわけですが、ある意味、こんなふうに抽象的だからこそ役立つと言えるのです。

私たちは「友情」、「親子」、「恋愛」といった具体的な分類はあまり役に立たないから、いったん捨てようと考えました。だって例えば、ものすごく我が儘《わまま》な親がいて、子どもを大事にしないどころか、虐待しているとします。ここで、「この人も血の繋《つな》がった親なんだから、これもしょうがない」と考えるのは、やはり変でしょう。あるいはまた、親が「オレはお前の親だぞ、言うことを聞け！」と言って子どもに万引きをさせる、なんていうことがあったら、それはもう関係が破綻しているわけです。

だから、みなさんびっくりするかもしれないけど、改めて言うと、「親子だから」とか「血が繋がっているから」というのは、関係を維持する理由にならないのです。むしろ、「親子」とか「恋人」とかも、場合によっては人を支配するための理由を与える、都合のよい言葉になってしまいかねない。危ない危ない。ね、「タテとヨコ」というような、フラットな言葉、捉え方の方が役立つでしょう?

趣味のサークルの場合

あるいは、こういう場合も考えられます。つまり、仲間であったはずなのに、つまり、元々はヨコの関係であったのに、いつのまにか上下関係ができている場合。そうですねえ、例えば、読書サークルがあったとします。これは読書好きが自発的に集まっているわけで、基本的にはみんな同等なはず。だけど、中にすごく熱心な読書家で、読解力や文章力がずば抜けている人がいたとします。そしたら、その人が自然とリーダー役になって、上下関係に近いものが生まれる可能性がある。その人の指導で、他の人も読書がはかどったり、読解力が向上したり、ということもあるでしょう。その意味では、**タテ**の関係があってもいい。

だけど、そのリーダー役が何でもかんでも決めてしまって、「君はこれを読め」とか「お前はこの本を読んで感想を書いてこい」とか、そういう命令までするようになったとしたら、それはそもそもこの会のあり方に合わないことになるでしょう。

さて、こうして、身近な関係について考えるための枠組みが一つ見つかりました。その使い方もちょっと分かった。まだユルユルな感じではありますけど、詰めるのは後でもできますし、具体的なケースも後でまた見るので、今はこの辺にしておきましょう。次には、こうした枠組みが、「タテとヨコ」のほかにもあるのかどうかを考えてみることにします。

第4章

共同と相補

1　違うと同じ

ざっくり考えると2種類

前の章では、身近な経験も踏まえて、人類学者や社会学者の議論も覗《のぞ》いてみて、その中から基本の枠組みを取り出しましたが、今度は思い切って、先にドーンと枠組みを打ち出してみましょう。

と言っても、そんなに難しくも複雑でもありません。確かに現実の具体的な人間関係は複雑だし、人によって事情によってさまざま。だけど、非常にざっくりと考えてみると、そもそも関係というのは、実は「同じか、違うか」という二種類しかないのです。そう、どんな関係も必ず「同じか、違うか」に至り着く。

「そんなはずないだろ！」と思う人がいるかもしれません。気持ちは分かります。複雑に思える人間関係が、たった二つの種類しかないなんて！　だけど、「タテとヨコ」もそうだったけど、最も基本的なところだけに限定すると、「同じか、違うか」しかなくて、後はその組み合わせなのです。その結果として複雑に見えているだけ。

これは別に人間関係に限りません。いろいろと複雑なものを認識したり判断したりしているように見えて、それらは実は、すべて「同じか、違うか」なのです。

人間関係の「同じ」か「違う」か

っていうか、実は私たちは、このことを既に知っているのです。というのは、「同じと違う」という基本の枠組みは、人間の三つのあり方を大きく区別した際（第1章）にすでに出てきていたからです。

人間はみな、基本的に同じ、あるいは同等と見なす。これが社会の基礎でした。人間は全員、共通に権利を持つ。これが基本的人権というヤツです。細かい違いを取り除くと、人間はみんな共通、全ての人が同じだ。これが大前提なのでした。

しかしこれは、**社会**という観点から人間をまとめて見たときの捉え方であって、**個人**一人ひとりに焦点を合わせ見ると、それぞれ全然違う。性格や考え、生まれ育ちなどなど。

こうして、人間には二つの側面がある。同じというのと違うというのと。そして、「全ての人が同じ」となると、これが**社会**になる。一方、「一人ひとりそれぞれ違う」のが**個人**。

でも第三の場合があります。「全ての人」でなくても、「この人とこの人は、この点で同じ」、「何人かの人は共通だ」ということがある。そうすると、この「同じ」や「共通」が人々を結び付ける絆《きずな》となって、**身近な関係**を作るのです。

同じと違うが仲間を作る

例えば二人の人を観察してみると、お互いに同じという面も違うという面も両方ともあります。

林君はスポーツ好きで、自分でも運動が得意です。特にサッカーが好きで、サッカー・サークルに入っています。一方の久保君もサッカー好き。そうなれば、二人は同じサッカー好きということで友だちになる。十分考えられることですね。

こうして見ると、（改めて言うほどのことじゃないけど）同じは仲間を作りやすいことが分かります。この二人の場合だったら、サッカー仲間になる。

じゃあ、「違う」だったら？　「同じなら仲間だけど、違うなら敵なんじゃない？」と思う人もいるかもしれません。浅はかですねえ（ふふっ）。だって、違う場合、なるほど「違うから対立する」ってこともあるでしょうけど、「違っても対立しない」っていうこともあるからです。さらには、「違っているからこそ繋《つな》がる」ってことも。

例えばの話。林君はサッカーが好きだけじゃなくて、自分でサッカーするのも好きなのです。だけど、久保君はあまり運動は得意じゃない。サッカーを見るのは好きだし、情報を集めるんだけど、自分ではうまくないのです。この点では二人は全然違っている。だけど、別に「対立」はしてない。むしろ、プレミアリーグやブンデスリーガに詳しい久保君は林君にあれこれ教えてあげられるし、林君は久保君にボールの蹴り方とか、ドリブルの仕方を教えてあげられる。だとすればこの二人は、「違っているからこそ繋がっている」のです。

もちろん、違っていれば必ず対立するとは限らないように、「同じであれば必ず仲間になる」とも言えない。例えば、大門さんと杉下さんは二人とも埼玉県の出身で、その点では同じなんだけど、埼玉県出身者なんてすごく多いし、別にそれだけで仲良くなったりはしないかもしれない。だけど、「仲間になる」、「繋がる」、「結びつく」っていう場合、その元になっているのは「同じだから」というのと、「違っているから」という二つがあるということだけは確かです。

2　共同性

同じでの結びつき

お互いに同じというところがあれば、それで結びつくことができる。

自分の周りをちょっと見回してみても、これはよく分かります。例えば、みなさんの友だちは、同じ学校だったとか、趣味が同じだとか、同じ地方、環境で育った幼馴染《おさななじ》みとか、ほとんどそうしてできたんじゃないでしょうか。

あるいは、学校の部活の場合。例えば、私がブラスバンド部だったら、それで「ブラスバンド部の仲間」になっているわけです。なぜそれが仲間になっているかと言えば、それは同じブラスバンド部に属しているからだし、あるいは、音楽という同じ、あるいは共通の趣味があるからだ、ということになる。

そうですね、名前があった方がいいんで、こういうのを**共同性**と呼ぶことにしましょう。

「うーん、「共同性」なんて言っても、何だか当たり前な気がする」と思った人もいるかもしれませんけど、その通り。だけど、言われてみると「当たり前」なんだけど、実際にはなかなか気がつかないことだったりしませんか?

いや、実を言うと、私自身がそうだったのです。

共通の目標

看護学校の講義でこんなコメントを書いてきた女子学生さんがいました。この人は、友達が「男女間に友情は成り立たない」と言っているのを聞いた。でも、自分は恋愛というのがよく分からないので、疑問に思ったというのです。そして、自分を振り返ってみると、確かに中学校、高校では異性の（彼女の場合なら男子の）友達はいなかった。ところが、看護学校に入ってからは異性の友達が出来た。友達は「男女間に友情は成り立たない」と言っているけど、自分の場合はそうとは思えない。なぜか、と考えてみたら、看護学校では、「看護師になる」という共通の目標があって、その点で同じ、だから友達というか、仲間として見ているんじゃないか、というのです。

なるほど、と私は感心しました。「男女間に友情は成り立たない」問題が気になる人がいるかもしれませんけど、今はまだそれに答える準備ができていません。だけど、この後で解決できるようになるので、それを待って下さい（第5章）。それよりも今注目したいのは、「「看護師になる」という共通の目標があることで「仲間」になっているのではないか」という彼女の見方です。

仲間割れ？

もっとも、こういう疑問を持つ人がいるかもしれません。「同じ部活の仲間」のはずなのに、飯田さんと大森さんは実はあまり仲がよくない、というような場合はどうか、と。そう、もちろんそういう場合も考えられますね。こういう疑問があると、気になって次に進めない、っていう人もいるので、ちょっと考えておきましょう。

簡単に言えば、例えば、そうですねぇ、ブラスバンド部でコンクールに出るといった場合を考えてみたらどうでしょう。たとえ飯田さんと大森さんがそれほど仲良くなかったとしても、コンクールで優勝するためなら、お互いになんとか協力しようとする、ということが考えられるでしょう？　これはいわば、一つの共通な目標によって結びついているってことです。

そうした場合でも、意見の対立はあるでしょうし、仲間割れのようなことだってあるかもしれない。だけど、その場合に意見が対立するのは、「コンクールで勝ちたい」とか、「素晴らしい音楽を作り出したい」といった、同じ目標があった上でのことです。

人間って、単純なところもあるけど、複雑なところもあります。そして、たった一人だけを取り出してみても、複雑というか多面的というか、そしてその時々で変化したりもする。そんな複雑で多面的な人間が集まって関係を作るわけで、そりゃあ細かく考えていけばいくらでも複雑にできます。だけど、「細かい違いはあっても、この点では同じ」っていうのがあれば、その点に限っては仲間になれる。

もちろん、仲がよい、悪いってことは実際にあるだろうし、そうなると、「どれくらい仲がよければいいか」とか「どこまでなら仲間で、どこからは仲間じゃないの？」といったことが気になるかもしれません。だけど、それは量や程度の問題です。そうした違いにとらわれて大事な点を見逃しちゃあ何にもなりません。

「同じ」の種類

さて、前にちょっと考えたところだと、「身近な関係」と言ってもいろんな種類がありそうでした。いや、いろんな種類があるというより、あり過ぎて困ったわけです。だから私たちは、「種類」という考え方を捨てたのでした。

だけど、今のように考えてくると、その種類っていうものにも、一定の見通しが立ったことになります。というのは、身近な関係、仲間を作る絆が同じ、共通というところだとすると、それらの関係、仲間のあり方の種類とは、つまり、その同じ点、共通点の種類だと考えることができるからです。

例えば、「同じ音楽好きだから仲間になっている」という場合は、共通な趣味の仲間だし、

「高校の野球部で、甲子園で優勝するのを目指している」というのであれば、共通な目的の仲間です。同じ血筋が血族という仲間を作るし、同じ学校の卒業生だという共通点が同窓生の仲間を作る……。

　こんなふうに、身近な関係にもいろいろある。だけどそれらはみんな、「何かの共通点で繋がっている、同じところがあって仲間になっている」というものだったのです。

3　相補性

重なり合う関係

同じが仲間を生む、関係を作る。これはよく分かる。

だけど、「私と田中君の関係は同じ場所に生まれ育ったという共通点のある関係だ」と言って、それで全部が済むようなものじゃないって気もします。例えば、私と田中君は同じ町の生まれだけど、それだけだったら、中村君もそう。だけど、私は中村君とはそれほど親しくない。中村君とよりも田中君との方が親しい……。

　これは「程度」の問題に見えるかもしれないけど、こう考えることができます。例えば、私と田中君は同郷であるばかりではなく、同じくサッカーが好きなのです。だから、この共通点があってよけいに親しくなっている。「同郷」と「サッカー好き」という二つの同じが重なっていて、だから親しくしている。

ところが、一方の中村君は、確かに同じ町の生まれだけど、彼は野球好きで、私は別に野球はまあ、それほど好きではない。だから、中村君とはあまり遊ばない。

つまり、同じ、共通というのがあれば仲間になれるとは言っても、実際に我々が親しくなって、身近な関係を作っている場合、そうした同じ点、共通点がいくつか重なり合っていて、だから絆が強くなったりするということが分かります。

共通点のない友達？

だけど、授業でこうした問題を取り上げると、またちょっと気になることがある、という人が出てきます。この点については、もう何年も前にもらったコメントだけど、今でもはっきり覚えているのがあるのです。

私と友だちのYさんとは故郷も違うし、あまり共通点がありません。先生は「共通点があれば関係ができる、いくつも共通点があれば、絆は強くなる」と言っていましたが、私たちの関係では、それがはっきりしません。もちろん、今は同じ大学に通っているという共通点はあるけど、それよりも、私とYさんは全然正反対と言ってよいくらいに違っています。私は弱気だけど、Yさんは強気で陽気です。そして、全然違っているのだけど、私たちは友達というか、親友です。

土台を二つと考える

なるほどねえ。うん、実際ありそうなことです。

前に出てきた例、「同じブラスバンドだけど、仲がよくない飯田さんと大森さん」は、逆に言うと「仲はよくないように見えても、やはり同じブラスバンド部の仲間だ」と言えた。つまり、「同じがベースで、その上で違うがある」ってことが分かるからです。

だけど、今度の疑問の場合はどうだろ？　だってね、この学生さんには、「私たちの場合、同じがなくて、違うばっかりじゃないのか」と思えているわけです。

しかし、ここで思い出しましょう。同じが仲間を作る場合は確かに多いし分かりやすいけど、それだけではなくて、すでに前の前の節（一〇〇ページ）でちらっと出てきたように、実は違うも仲間を作ることがあるのでした。

いやね、これも私が勝手に考えたことじゃないのです。前に名前が出てきたアリストテレスさんは、どちらかと言えば「同じ」というのが関係を作ると考えていたのですが、彼の師匠のプラトンさんには、「何かを求めるというのは、自分にそれが欠けているから」というアイディアを出しているのです。プラトンが「愛」について語ったというので有名な『饗《きょう》宴《えん》』という本です。ここではその点を掘り下げませんけど、これはつまりは、「違うからこそ結びつく」という考えに繋がります。

違うからこそ惹かれ合う

例えば、典型的な例は男女の恋愛なんかの場合です。だって、男と女じゃあ全然違うわけでしょう？　でも、だからこそ惹《ひ》かれ合う、っていうことがある。磁石のSとNが、反対なのに、あるいは反対だからこそ引き合うようなもの（もっとも、これは単なるたとえだけど）。

こういう場合のことを「相補」と呼ぶことがあります。「お互いに補い合う」っていうことです。さっきの「同じで結びつく関係」を**共同性**と呼んだのに対して、こちらの「違うからこそ結びつく関係」は**相補性**と呼びましょう。

そうですねえ、さっきの学生さんが書いていたので言えば、「親友」ね。みなさんも、もし「ぼくらは親友だ」と言えるような人がいるなら、振り返ってみてください。そうすると、単なる友達というのとは違って、親友の方は、確かにお互いに似ているとは限らない。むしろ、お互いに似ていない場合も多いんじゃないですか？　周りを見回してみても、「お互いに全然違うじゃん」と思えるような人たちが親しかったりする。違っているんだけど、「自分にないものを相手が持っている」ということで、お互いに尊敬し合っている、というような。

　例えば、さっきの学生さんは「私は弱気だけど、Yさんは強気で陽気」と書いてましたけど、ひょっとすると相手のYさんの方はこの学生さんのことを、「落ち着いている」とか「思慮深い」と思っていて、自分とは違っているけど、だからこそ尊敬しているのかもしれません（推定だけど）。それでお互いにリスペクトしていて、補い合っている。おお、そうです、**相補**的なのです。

　これも例えば、テレビドラマの『相棒』なんかは、まさにそのパターン。右京さんは冷静な知性派だけど、相棒の亀山くんは熱血で肉体派です。好きな飲み物も、紅茶とコーヒーで違う。だから出会った頃は全然噛《か》み合わなくて、喧嘩《けんか》ばっかり。だけど、じっくり付き合ってみると、お互いに、相手が自分にない優れたものを持っていることが分かってきます。そうして、うまく噛み合うことで、最高のバディ、相棒が誕生することになります。

4　共同性と相補性の違い

たくさんと一対一

前の章では**タテ**と**ヨコ**という二種類が区別できたんで、それを使えるようにするためにってことで、その二つの違いを確認するってことをやりました。だったらここでも、**共同性**と**相補性**の違いを改めて確認しておかないといけません。

同じで結びつく共同性と違うで結びつく相補性。これだと抽象的なので、ちょっと具体的に考えてみると、**共同性**の方は、いわゆる友達や仲間、グループみたいなもの、**相補性**の方は、恋愛や夫婦、親友なんかが典型的な例だと考えられます。

これを踏まえて、では共同性と相補性の違いはどこにあると思うか、授業で聞いてみたことがあります。これは例えば、具体的な場合で考えるんだったら、「友達と恋人の違いはどこか」というふうに考えてもいい。

そうすると、いちばん多かった意見は、「友達はたくさんいてもいいけど、恋人は一人」というものでした。ふむ、なるほどなるほど。

恋人がたくさんいる？

もちろんこれに対しては、「いや、恋人がたくさんいる人もいるんじゃない？」という疑問も出てくるわけです。うーん、だけどね、これはあまり問題じゃない気がします。というのは、例えばたくさんの友だちがいて「みんな友だちだね」っていうことはあるけど、私に恋人が何人もいて（いや、ホントはいませんけどね）、みんなが集まって「私たちは恋人だよね」ってことにはならない気がするわけです。

例えば、私に鈴木さんと松田さんという二人の恋人がいるすると（いや、いないんですけどね）、ここにあるのは「私と鈴木さんの相補的関係」と「私と中村さんの相補的関係」という、二つの独立した相補性なのです。それがたまたま私に二つできたので、見かけ上は「恋人が複数」に見えているだけ。やはり相補性の基本の関係は一対一なのです。

こうしてみると、多くの人が書いてくる「友達はたくさんだけど、恋人は一人」という見方が十分に理由があるのが分かります。そしてこれは、「友だちは共同、恋人は相補」という見方と、非常にうまくマッチするのです。

広がりと集中

例えば、私はサッカーが好きで、上田君もサッカー好き。そうすると、私と上田君は同じ、サッカー好き、この共通点で友達になることができる。でも、それだけじゃなくて、今まで知らなかったけど、鈴木君も実はサッカー好きだということ分かった。そうすると、私、上田君に加えて、鈴木君も仲間に入ります。そればかりか、実はおとなしくて無口なので全然知らなかったけど、内田君も実は大のサッカー好きだった。じゃあ、内田君もいっしょに遊ぼう！

そうなれば、これは五人、六人と、どんどん増やせることになります。「それぞれ違いがあっても、サッカー好きという点では仲間だよね」ということになる。そういう意味では、**共同性**は非常に広がりを持つことが分かります。

それに対して**相補性**は？　こちらは、違うで結びついているわけでした。何度でも言うしかないけど、人間はほんとにそれぞれに違っています。だから、違うというだけでは関係はできない。お互いに違うんだけど、でも、その違いがぴったり合って補い合う形になってこその相補性です。

そうすると？　そうなんですね、だとすればこれは、共同性がどんどん仲間を増やしていける関係とは違って、相手を見つけるのがなかなか難しいってことになるわけです。

こうして、**共同性**の方は広がりを持つ、拡張できるのに対して、**相補性**の方は、むしろ閉じた関係を作りやすい、集中しやすいということになります。

そう、だから「友達はたくさんだけど、恋人は一人」というふうに見えるのです。

三本立ての中の共同性と相補性

いや、別に恋人だけじゃなくて、相補性だったら、例えば親友なんかでもいい。友達はたくさんいるけど、でも、本当に親友と言えるのは多くない、という人も多いんじゃないですか。そして、それにもちゃんと理由のあることが分かったわけです。それも、共同性と相補性という二種類を区別したからなのです。

しかし今度は、それをもう少し広い視野から見てみましょう。

私たちは、身近な関係を、一方で社会と、他方で個人と区別して、「社会と個人」というよくある二本立てにもう一つ加えて、合計して三本立てで考えました。社会と個人、この中間にあるのが身近な関係だと考えて、これで三本立て。

しかし、今みたいに考えてくると、敢えて言うなら、広がりのある**共同性**はより**社会**に近く、閉じる傾向のある**相補性**はより**個人**的なものに見えるだろうと思います。身近な関係というのは、そういうバリエーションというか幅というか、そういうものを含んだ、ある意味で言えば非常に豊かなものだということが、以上からも分かります。

強さはどうか？

他にも考えられることはあります。

相補性というのは「違うからこそ結びつく」という関係でした。単に「違う！」というだけじゃありません。違うだけなら、「関係ない」となるかもしれないし、悪くすると「対立する」になりかねない。だから、「違うんだけど、だからこそ結びつく」という相補的な関係になる相手はなかなか見つけにくい。何と言うか、そう、つまり自分と相補的な関係になれる人はとても貴重なのです。

だとすれば、**相補性**はその分だけ絆が強くなると考えるのが自然でしょう。なかなか出会えないわけだから、それだけ大事にしたくなって当然。

それに対して、どちらかと言えば「違っているけど合う」よりも、「同じだね」の方が見つけやすい。それに、人間は（みなさんも、自分では気づいていないかもしれないけど）いろんな特徴とか志向とか好みとかを持っているから、同じ、似ている、共通、そういう点はわりあいあるっちゃあありますｏ口数も少ないし、何考えているのか分からなかった人が、何かのひょうしに、ある漫画のファンだということ分かる。「なんだ、そうなのか！　あれは私も好きだ」となると、それをきっかけにして友だちになれるかもしれない。ＳＮＳなんかでも、ハッシュタグなどがあれば、あるいは検索すれば、それで似ている点、共通な点を持っている人はいくらでも見つかります。

だから、**共同性**は広がりを持つし、また広がりやすい。だけど、逆に言えば、その共通点が一点だけだとすれば、つながりは弱い可能性があります。

まとめ

こうして相補性と共同性、二つの違い、それぞれの特徴が分かってきました。そのおかげで、それらをどのように大事にしていけばいいかも少し分かってきます。

私たちは「友情」、「恋愛」、「親子」、ほかにもいろいろ、身近な関係を示す言葉をたくさん知っています。だけど、それらがどんなものなのか、どういう特徴を持つか、そこまで知っているとは限りません。っていうか、知っていると思い込んでいるけど、実はほとんど知らないのでした。

相補性		
強い、濃い	集中、閉鎖	より個人的

共同性		
薄い、弱い	拡大、開放	より社会的

だけど、それとは違ったやり方で、身近な関係を捉えられるようになりました。同じでできる**共同性**と、違うでできる**相補性**の二種類があって、それぞれに特徴があることが分かったからです。

こうして、基本のところはある程度見えてきた。だけど、もちろんのこと、まだまだ抽象的です。「相補性と共同性」が網みたいなものだとすると、その網の目は粗い。そこで、ここはもう少し細かく見て、できるだけ具体的なところに近づけることが必要になるでしょう。これが次の課題です。

第5章

パターンをかけあわせる

1　親子の問題

では、親子は？

前の章で書いたようなことを授業で話したとき、こんな質問を貰《もら》いました。

「先生は、身近な関係は相補型か共同型に分けられると言いますが、では、親子はどうですか。親子は相補性か共同性かどっちでしょう？」

なるほど、これは不思議に思って不思議はありません。「身近な関係」と一口に言ってもいろいろあるわけですが、中でも「親子」なんていうのは代表的なものの一つでしょう。だったら、相補性か共同性どっちかになるはず。でも、どっちなんだろう。いや、どっちでもないような……。

こういう疑問は大事です。こういうところから、次を考えるヒントが生まれるからです。だけど、考えてみるとこれは簡単で、親子関係は相補型に分類できます。だって、親子関係っていうのは「親」と「子」の関係でしょう？　つまり、「親」と「子」という違うもの同士なわけです。それが結びついている。だったら、「違うからこそ結びついている」ということになります。だから、親子関係は相補型である。Q.E.D.《しょうめいおわり》。

「同じ家族の一員」説

「いやいや、ちょっと待って」と思った人がいるかもしれません。実際、講義の中でも「親子は同じ血のつながりだから……」とか「親子は同じ家族の一員なのだから、共同性だと思う」とかっていう人もたくさん出てきます。ふむふむ。

だけど、前にも見たように（第2章）、全ての親子に血のつながりがあるわけではありません。養子縁組で親子になっている場合だったら、血のつながりがないことは多いし、継母や継父と子どもの関係は、明らかに親子だけど、血のつながりはない。

それに、「同じ家族の一員」説に関しては、考える筋道が逆じゃないですか？ つまり、「同じ家族の一員だから親子になっている」のではなくて、「親子であるから同じ家族の一員になっている」が正しい。そう、「同じ家族」という同じは、親子であることの根拠ないし原因ではなくて、その結果なのです。

相補型のテンプレ

こうして考えると、やっぱり「親子関係は相補型」と理解していいと思います。ただ、学生さんたちと話していて分かってきたのですが、「親子関係は相補型」というのがいまいち腑《ふ》に落ちないのには、別な理由があったのです。というのは、相補型を考えるとき思い浮かぶ典型的なモデルが恋人や夫婦だからです。親友その他、相補型にもいろんなパターンがありそうだけど、「相補型は恋人、夫婦」というイメージができてしまうと、「親子は恋人や夫婦とはだいぶ違うじゃん！」となって、だったら「親子は相補型とは違うんじゃね？」となるらしいのです。

だけど繰り返すと、「恋人、夫婦は基本的に相補型」ではあっても、「相補性は恋愛や夫婦関係（だけ）」というのは違います。恋人や夫婦関係でなくても、例えば親友の関係も含めて、「違っているからこそ結びつく」というのが相補性だったわけです。こっちが相補性の本体です。それで考えれば、「親子も相補性の一種」というのが正しいってことになります。

より細かく分ける

ただし、「親子は、恋人や夫婦とはだいぶ違うんじゃないか」という疑問、これは私ももっともだと思います。だからと言って、「親子は恋人とは違うから相補型ではない」とは言えないけど……。だったらどう考えたらいいか。

私は、身近な関係は**相補性**と**共同性**の二つに分けられると思います。だけど、この二つはざっくりとした分け方であって、これだけで細かいところまで全部説明ができる、というわけではありません。この区別は正しいわけだから、これはそのまま残して、より細かくわければいいだけのことです。

つまり、同じ相補性でも、細かく見れば、夫婦や恋人のようなタイプと親子のようなタイプの二種がある、と考えればいいのです。ただ、この新しい分類（下位分類）を確実にするためには、親子型と恋人・夫婦型の違いをはっきりさせなければなりません。

男女の違い？

そこで学生さんに聞いてみると、「恋人・夫婦型は男女の結びつき」という意見が出ます。はい、浅はかです（はは！）。だけど、こういう浅はかな意見も大事なのです。それらについて考えれば、はっきりさせられるところがあるからです。

では、なぜこの意見はダメか。だってね、恋愛や夫婦には同性愛のカップルだっているわけです。だから、恋人や夫婦が男女とは限らない。逆に、「親子」にも「父親と娘」や「母親と息子」といった男女の組み合わせはある。だから、男女かそうでないか、という区別は成り立たないのです。

うん？　そうなんです。「男女間に友情は成り立つか」という問題がちらっと出てきました（第4章2節）。そこではまだ準備不足だったので後回しにしましたけど、この段階までくれば、この問題にももう答えられるわけです。だって、「男女間に友情は成り立たない、男女間で成り立つのは恋愛だけ」っていう捉え方が成り立たないことは、さっき考えたことから分かるからです。友情と恋愛を区別して、それを同性間と男女間に当てはめるというのは、すごく分かりやすく見えるけど、人をだます雑なイメージにしかすぎません。だって、同性間だって恋愛もあれば（いわゆる同性愛）、男女間だって恋愛以外（親子、兄弟、その他）もあり得るからです。

「恋愛＝男女間、友情＝同性間」と考えるより、私たちが今まで考えてきたことを応用して、「恋愛＝相補性、友情＝共同性」と整理した方が、はるかに正確なのです（もっとも、いわゆる友情には、相補型の「親友」もあるから要注意だけど）。

タテとヨコ、ふたたび

では、恋人、親友タイプと親子タイプの違いは、正確にはどこにあるか。

実は、「親子はどう？」という質問が出る前から私が気になっていた、別なパターンがありました。それは、「師匠と弟子」の関係です。もっと身近に言えば「先生と生徒」とか。これらも違ったものが結びついている関係なわけだから、相補型と言えそうです。だけど、それと同時に、夫婦、恋人、親友のようなタイプとは違いそう。

だとすると、一方に「夫婦、恋人、親友」型があって、他方に「親子、師弟」型がある。どう違うでしょう？

私が思い付いたのは、「親子、師弟」型は上下関係というか、一方的とまでは言えないかもしれないけど、非対称というか、そういう関係だ、という考えです。そこから「夫婦、恋人、親友」型を見てみると、こちらは、お互いに対等というか、同等というか、少なくとも上下はない。なるほど！

でも、あれ？　これって「タテとヨコ」のこと？　そうなんです。正直なことを書きますけど、この本では「タテとヨコ」を先に出しましたけど、実は、私が思いついた順番は「共同と相補」が先だったのです。そして、学生さんの「親子は共同か相補か」という質問について考えていったら、後で「タテとヨコ」が必要だな、と思ったわけです。

身近な関係は三種に分けられる

さて、思いついた順番はともかく、新しく相補性に二種あることが分かりました。お互いに同等なのが基本の夫婦や恋人、親友型と、上下関係のある親子、師弟型。それぞれを、**ヨコの相補性**、**タテの相補性**と呼ぶことにしましょう。

そうしてみると、身近な関係は三種に分けられたことになります。

(1) 親子、師弟関係など……タテの相補性
(2) 夫婦、恋人、親友……ヨコの相補性
(3) 友達、サークルなど……共同性

ふむ、こうして一歩進みました。

だけど、もう気づいている人も多いと思います。どうも三つでは済みそうにないのです。

2　2×2＝4

三つではなく

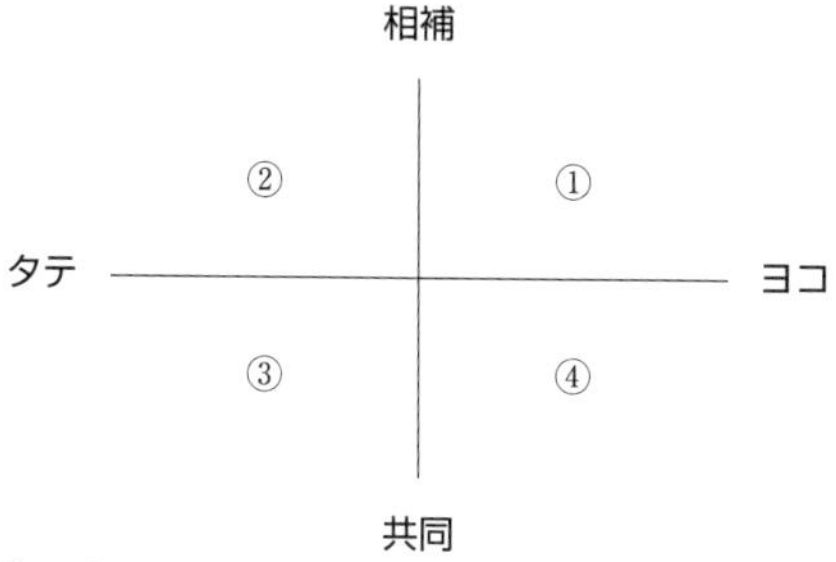

【表1】

さっきは**相補性**を二つに分けた。それなのに、**共同性**が一つだけではちょっと寂しい気がしません？　そう、何だかバランスが悪いのです。だったら、共同性も二つに分けられるんじゃないか、と。みなさんもうすうす気づいていたんじゃないかと思うのですが、「**相補性と共同性**」という分け方が一つ、で、「**タテとヨコ**」という分け方がもう一つ。これを掛け合わせると、二×二で、合計四つのパターンができることになるわけです（表1）。

四つのパターンの具体例

さて、このうち、①に入るのが、夫婦、恋人、親友型です。**ヨコの相補型**。で、②に入るのが親子みたいなタイプでしょう。**タテの相補型**です。ここまではすでに出ていることの確認です。

新しいのはここから。③と④の具体的なモデルとして考えられるのは何か？　これを考えておかないといけません。枠が分かっただけでも一歩進んだわけだけど、その中身まで考えると、応用への近道です。

さて③です。こいつは、何か共通点があって結びついているんだけど、上下関係というか、タテの関係があるもの。**タテの共同性**。で、④は、何か共通点があって結びついているんだけど、基本的には同等な関係。**ヨコの共同性**。そうですねぇ、こっちの方が考えやすそうかな。前に考えた、趣味のサークルとか、あるいはクラスメイトとか、そういうのは、共同型になるでしょう。そして、こういうのは基本的に（あるいは建前的には）同等です。やはり④になりそう。

そうすると残りは③。これがいちばん考えにくそう。だって、何か共通点、同じっていう点で結びついているのなら、これは同等なんじゃないか、だから、はっきり言っちゃうと、「同じなのに上下があるなんて変じゃない？」と思えてしまうからです。

そう、だから私も、これがいちばんよく分からなかったのです。だけど、これを講義の時に学生さんに聞いてみると、多くの人がアイディアを出してくれたのです。しかも二つも！　なかなか頼もしい。

【表2】

第四のパターン

一つは、「部活の先輩と後輩」です。

例えば、前にも少し例に出した高校のブラスバンド部を考えてみましょう（一〇四ページ）。そうすると、部員のみんなは基本的に、吹奏楽で繋《つな》がっている。もちろん吹奏楽だけっていうより、もうちょっと広く言うと音楽が好きで、だから部に入ってくるわけでしょう。ここに共通点があります。音楽好きの仲間というわけです。

だけど、高校くらいだと、一年生と三年生の差は大きい。演奏の技術や体格、リーダーシップの面で考えると、ここに先輩と後輩の関係ができる。つまり、上下関係ができることになります。練習するにしたって、先輩が後輩を教えたりもするでしょう。

それに、部活動なんていうのも一つの生きものです。歴史もある。すると、「ウチの高校のブラスバンド部は伝統があって」なんてことになると、先輩から後輩へと受け継がれていくものもある。なるほど。

そうですね、こう考えると、「部活の先輩と後輩」っていうのは、**タテの共同性**に当てはまることが分かりますね。

もう一つ、多くの人が書いてくるのが「会社の上司と部下」。

うん、これは分かりやすい。「上司と部下」っていうわけだから、上下関係、タテの関係がある。そして、会社でいっしょに働いている仲間なわけです。もっと言えば、普通の会社（つまり、いわゆる営利企業）の場合なら、「お金儲《もう》けをする」というのが共通の目的としてある。これで、**タテの共同性**になります。こうして表2ができます。

3 四つのパターンの使い方

今までの蓄積を活かす

さて、四つの関係パターンが区別できました。

だったら、今までの章と同じことをここでもやってみましょうか。つまり、四つのパターンが見つかったわけだから、今度は、これをどう使ったらよいのかを考えるわけです。もう何度もやっているから、ちょっと慣れてきた？　ただ、今までは「タテとヨコ」、「共同と相

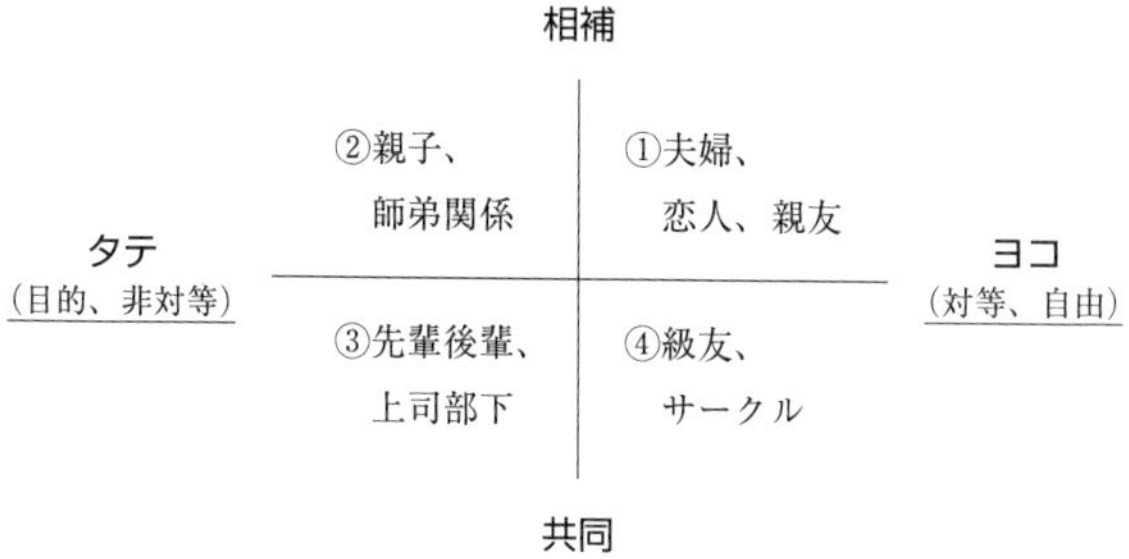

【表3】

補」というように、大きく二つに分けたものについて考えたわけですが、今度は四つになってる！　だったら、前の二回とは違って、ちょっと難しくなりそう……。

でも、逆に言うと、二分法は単純な分だけ抽象的で、網の目が粗い。そこで、二×二で四つのパターンを作ったわけでした。これは網の目がかなり細かくなったっていうことだから、具体的な例を考えやすくなったとも言えるわけです。

出発点として、さっき出てきた表2を使いましょう。ここに、今まで分かったことを書き足していくのです。まずは「タテとヨコの違い」で考えたこと、分かったこと（第3章）。つまり、ヨコは、独立、対等な人たちが自由に結びつく関係でした。一方、タテは対等ではない関係で、悪く言えば、「支配する―従属する」という形になります。しかし、わざわざそうしているのにも理由があって、というのも、一定の目的のためにはそれが必要だから、ということだったわけで

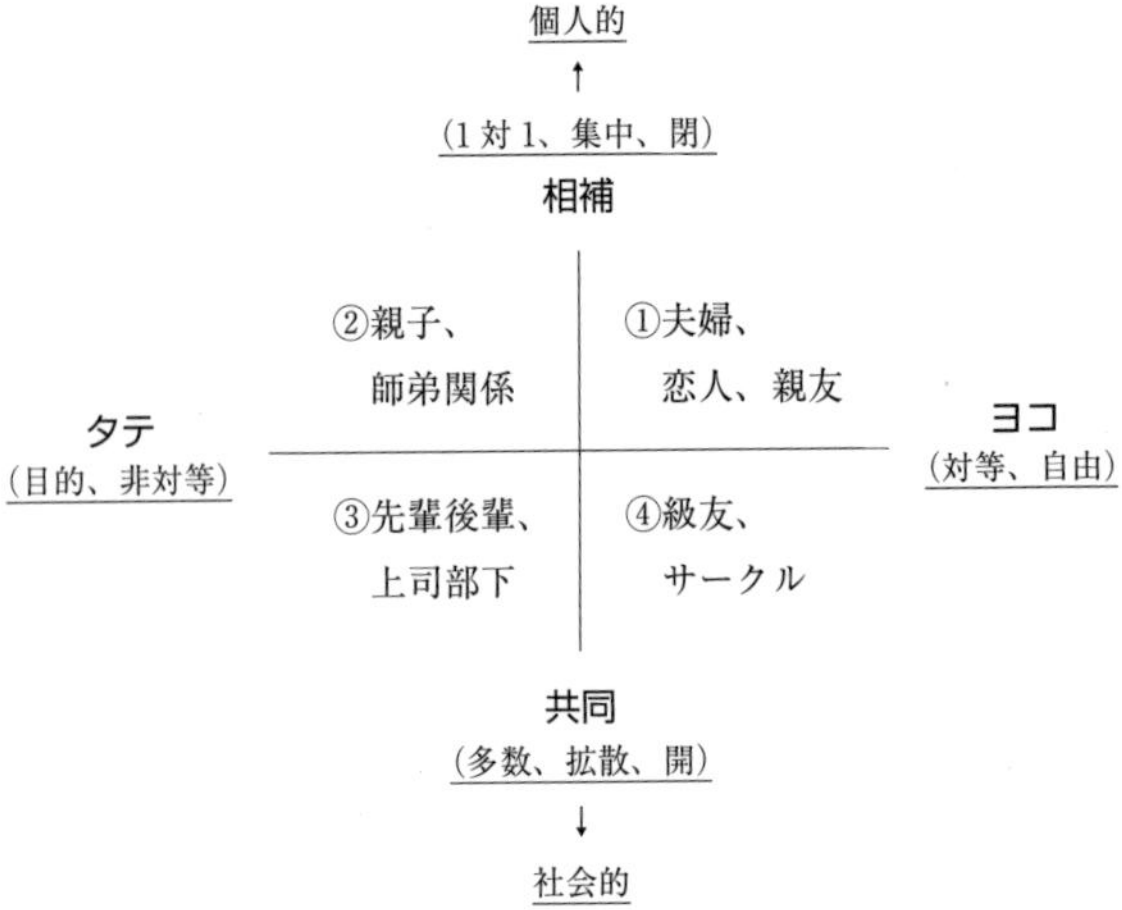

【表4】

す。つまり、子どもを育てるとか、教育するとか、あるいは、団結して何かを達成するとか。

　こうした点を表2に書き込んで表3を作る。

　さらに、「共同と相補」の部分で考えたこともありました（第4章）。つまり、相補性は非常に強い、濃い結びつきを生む、閉じる方向に向かう、それに対して共同性は、弱い、ないしは薄いかもしれないけど、その分だけ広がりを持つ、という点。これも追加します。こうして表4ができました。

　よしよし、これで準備ができました。これを元に、分かりやすいように、二つの関係パターンを対比する形で考えていきましょう。

　関係のパターンが四つあって、そのうちの

二つずつを取り出して組み合わせるわけだから、四×三÷二で、合計六パターンがあることになります。つまり、

(1)ヨコの共同性とヨコの相補性の違い、(2)ヨコの相補性とタテの相補性の違い、(3)ヨコの相補性とタテの共同性の違い、(4)ヨコの共同性とタテの共同性の違い、(5)ヨコの共同性とタテの相補性の違い、(6)タテの共同性とタテの相補性の違い。

(1)ヨコの共同性とヨコの相補性

じゃあ、一個ずつ。まずはヨコの共同性とヨコの相補性を比べるところから始めましょう。

表4を見ながら考えます。そうね、「タテとヨコ」について考えたときには、「まあ、一般には対等で自由な方がいいから、わざわざ上下を作ってタテの関係にするには、理由が、目的が必要だろう」と考えましたね（第3章2節）。逆に言うと、ヨコの関係の場合には、そういう結びつきの理由が、タテ関係での目的ほどはっきりしていない、と考えられます。

だけど、今はもう少し詳しく分かります。だって、ヨコと言っても共同型と相補型に分けられたわけだから。それを踏まえて考えると、**ヨコの共同性**の場合、例えば趣味のサークルや友だち仲間みたいなのは、確かに「目的」というようなものはそれほどはっきりしていな

いけど、共通、同じという、人びとを結び付ける理由がありました。

では、**ヨコの相補性は？**　こちらは、何か特定の目的があるわけではなく、そして、理由もない？　いや、理由もなく結びつくってのも変です。理由はあると言えばある。だけど、共同性の場合のように、「この共通点で結びついてる」というような、はっきり分かる理由ではなくて、「お互いに相手の中に自分の求めるものを見いだす」とでも言うしかない。

そうですねぇ、極端に言えば、ヨコの共同性の場合、結びつく理由は、結びついている人たちの、いわば外にある、あるいは客観的にある。それに対して、ヨコの相補性の場合は、結びつく理由は、お互い相手の人の中に見いだされる、と言えばいいでしょうか。

だから、友だち仲間、サークルといったヨコの共同性はまだ外からでも見て分かるところがあるけど、ヨコの相補性は特に外からは分かりにくい。なぜこの二人がカップルになって、どうやって仲良く暮らしているか、それは外から観察しても分からない。

だから、外から見て「あのカップルはなんだか釣り合ってないなあ」などと思うのは、全く余計なお世話なのです。それは二人の間にある相補性が、他人の目からは見えにくいだけ。「夫婦げんかは犬も食わない」なんて言うけど、これも、たぶんそういうことなんだろうと思います。夫婦には、その夫婦にしか分からないことがあるのです。

（2）ヨコの相補性とタテの相補性

次はヨコの相補性とタテの相補性。代表的なモデルとしては、ヨコの相補性が夫婦や親友、タテの相補性が親子や師弟関係でした。

この二つは、相補的だという点で、つまり「お互いに違っているから結びついている」という点では同じ。違いはヨコかタテかの違いにある。そして、ヨコかタテかの違いは、対等かそうでないかにあった。だけど、それの延長で、なぜ対等でない関係が必要かと言えば、というところから、タテは目的によって結びついてるのだと考えました。これは**タテの相補性**も同じでしょう。それに対して**ヨコの相補性**は、さっきヨコの共同性と比べたときに見たように、何か特定の目的があって結びついているのではなくて、お互いを尊重し合う、大事にし合う、というのが基本でした。ここでは、大事なのは相手の人の丸ごとだった。だから、ヨコの共同性の結び付きの場合、人と人との結び付き方は、いわば部分的なものになるのに対して、ヨコの相補性の場合は、それぞれの人の全体ということになります。

ええっとね、例えば恋人同士の、「私のどこが好き?」、「そりゃもう全部さ！」みたいな会話があるでしょう?　ちょっとベタすぎるやり取りだけど、こういう会話がなぜ出てくるか、それも分かる気がするんですよ。「お互いに違っているから結びつく」と私たちは考えました。これは、「相手には私にないよいところがある」ということなんだけど、でも、「相手のよいところは、これこれの点である」というような形で明確に分かっている場合の方が少ないかもしれない。それに、「相手にはこんないい点がある」というだけではなくて、別に「悪いところ」っていうか、たとえ客観的に（?）見れば「欠点」と言えるようなものであったとしても、それも込みで相補的ってことは十分にアリでしょう。

そうですねぇ、例えば、山岡さんは非常に几帳面《きちょうめん》なのに、恋人の横山君はだらしない。だけど、その「だらしなさ」は、一般的に見れば欠点かもしれないけど、山岡さんはそうは思ってないかもしれない。山岡さんは、自分の几帳面なところが実はあまり好きでなくて、もっとおおらかに生きたい。だから、横山君が好ましい。うん、あり得る。

だけど、もちろんそれだけじゃありません。元々几帳面なのだから、山岡さんから見て「横山君も困ったものね！」と思うところもある。だけど、だらしない（おおらか）とか几帳面だとか、そういう一つの点だけではなく、トータルに見て横山君が大事なのです。

だから？　そう、繰り返すと、ここで問題なのは、まさしく相手の人なのです。

前にも見たように、そういう自分とぴったり合うような相手を見つけるのは難しい。だから、見つかると「かけがえのない相手だ」と思う。「運命の人だ！」と思っちゃったりするわけです（もっとも、それが錯覚であることもないではないだろうけど）。

(3) ヨコの相補性とタテの共同性

さて、次はヨコの相補性とタテの共同性の違い。

さっきの(1)と(2)の場合は、表4で分かるように、比較の対象になった二つの関係パターンは隣り合っていました。つまり、一つの特徴は同じだけど、一つの特徴が違っていて、ということだった。それに対して、ヨコの相補性とタテの共同性では、二つの特徴が両方とも違っています。だから、対極の関係にある。

今までも何度か確認したところですが、タテの関係は何かの目的のために必要とされることが多い。その上で、**タテの共同性**の場合なら、その目的が共通していることで人と人が結びついている、ということでした。

例えば、上司と部下の関係だったら「仕事をうまくやってお金儲けに繋げる」、部活の先輩と後輩の関係だったら「試合に勝つ」といったのが共通の目的としてあって、でも、そのために上下関係がある方が有利だ、っていうことでタテの関係ができる。だけど、この「目的」っていうのは、関わっている人にとって、いわば外付けな感じがします。その「目的」と「人」は切り離して考えることもできる、という意味で。つまり、上司の人は生まれながらの「上司」ではない。会社の中で、しかも、自分の部下との関係で「上司」という役割を果たしているわけです。だから、役柄というか、仮面というか、そういう意味で外付け。

そうすると、それぞれの人がその関係の中に入るっていうことは、いわば、外からその役割を与えられる、っていうことになるんじゃないかと思えます。ヨコの共同性について考えるときに使った言葉を使うと、タテの共同性でもやはり、問題になってくるのはその人の部分だけです。例えば、部活の場合で言えば、先輩、後輩と言っても、それは部活の中でのことであって、彼らがいつでもどこでもずっと先輩、後輩であるわけではない。

それに対して、さっきから見てきたように、**ヨコの相補性**の場合、外付けの目的があるわけではなくて、焦点があたるのはまさしく当人たち自身、彼らそのものです。だから、恋人や夫婦、親友などは、それぞれの役割によって結びついているわけではない。

いや、実際の恋人や夫婦を考えると、生活する上で、お互いにできることをやっていくと、得意不得意もあるから、役割もできてくるだろうとは思います。前にも見たように、「私は料理が得意だし、君は掃除が得意だから、それぞれ分担しようか」っていうようなことはある。だけど、役割っていうのは、その人の一部、もしくは一面にすぎません。さっき見たように、ヨコの相補性の場合に重要になるのは、その人の丸ごと。だとすると、役割分担だけで結びついていると考えると、足りないでしょうね。そこが、タテの共同性との大きな違いということになるかと思います。

もちろん、夫婦や恋人、親友だって、本当に丸ごと全部で関わっているというわけではない。人間はそんな単純なものではない。例えば私と親友の上田君がヨコの相補性の関係だとしても、私はいつでもどこでも「上田君の親友である」という看板を背負って生きているわけではない。だけど、さっき見たタテの共同性の場合のように、その人の一部だけ、しかもかなり外面的な部分だけが関わる関係と比べてみると、ヨコの相補性では、その人の内面、本質と言いたくなるような面が関わってくることになると言えるでしょう。

残り三つは練習問題

さて、さっき確認したように、組み合わせのパターンは全部で六つあるわけですが、そのウチの三つを見ました。このほかに、(4)**ヨコの共同性とタテの共同性**の違い、(5)**ヨコの共同性とタテの相補性**の違い、(6)**タテの共同性とタテの相補性**という三つが残っているわけですが……。うーん、全部はやらなくてもいいかもしれませんね。いや、面倒くさいとかそういうわけじゃなくて、練習問題的な感じで、みなさんにやってもらうってことでもいいかな、と思います。

【コラム】身近な関係と感情、ふたたび

感情と個人

本書では、身近な関係を考えるに当たって感情の問題を取り除きました。だけど、我々人間にとって感情は、よくも悪くもやはり大きなものです。

まず、我々一人ひとり、個人にとっては感情はものすごく大きい。当たり前ですが。だけど、感情というのは非常に不安定で変わりやすいものだから、感情にまかせて生きていると、いろいろと困ったことが起こります。人とのぶつかりも生むだろうし、自分でも後で後悔するようなことをしでかすかもしれない。

だから、ちょっと冷静になって、感情との付き合いを考えなければなりません。

感情と社会

特に社会の問題を考えるとき、感情はできるだけ取り除いた方がいいです。

例えば、犯罪を犯した人がいたら、怒りを覚えるでしょうし、被害者には同情する。そのこと自体は自然なことで悪いことではない。だけど、だからといって犯罪を犯した人になら何をしてもよい、というわけではありません。実際、私たちはみんな大なり小なり、気づかないでも罪を犯しています。何の罪もない人などまずない。だから、「罪を犯したら何をされてもいい、犯罪者に人権はない」、あるいは極端な場合「犯罪者は全員死刑にすべきだ」とすると（講義をやっていると、実際にそうコメントに書いてくる人がいるのですが）、もう人間全員を死刑にしなくちゃいけなくなります。

自然と怒りを覚え、同情する。ここから「これは何かおかしいんじゃないか」と気づくわけで、問題を発見するのに、感情は役立ちます。だけど、実際に問題を解決する際には、いったん感情は取り除いて処理しないと、むしろ問題を大きくしかねません。

感情と身近な関係

社会の場合とは違って、身近な関係ではやはり感情の要素は大きいと思います。だから私は、身近な関係では感情、気持ちを全く取り除けるとは思いません。ただ、繰り返し確認しますけど、感情だけが身近な関係を作るのではない。感情によって身近な関係を説明することはできない。そして、感情だけに頼っていると、かなり悲惨なことになるわけでした（第2章1節）。

だけどね、感情を頼りにして身近な関係を考えることはできないけど、逆に、我々が見つけた身近な関係パターンから感情を説明することはできるのです。

例えば、共同性の場合、人と人との間には共通点があるわけだから、その点で**共感**が生じやすいことになります。それに対して相補性の場合、お互いに違っている。だから、そこには共感、同情よりも、**慈しみ**が生じるということになるでしょう。

私はこれはなかなか面白い点だと思っています。ここではもう詳しく書きませんけど、身近な関係と感情とは、もっと密接に関わっているはずです。そしていずれにせよ、私たちが取り出した関係のパターンは、自慢じゃないけど、意外に役立つことが多いのです（いや、自慢なんだけど）。

第6章

身近な関係のウチとソト

1　社会や個人をどう考えるか

実は残った課題が……

さて、四つのパターンとその組み合わせをいくつか見ました。だけど、これら四つのパターンをちゃんと理解するには、実はもう少しやらなければならないことがあります。というのは、さっきまでやっていたのは、身近な関係同士の対比だったわけですが、人間のあり方には、**身近な関係**のほかに、**社会**と**個人**というのがあったからです。

そうすると、四つのパターンと社会との関係、四つのパターンと個人の関係というように、合計すると八つの場合を考えなければならないことになります。繰り返しも多くなるので、ここでは、幾つか選んで簡単に見ておくだけにしましょう。

タテの共同性と社会

前の章ではヨコの相補性を中心にしたんで、今度は**タテの共同性**を見てみましょう。タテの共同性。何か共通の目的のためのタテ関係。特にそのタテ、上下が組織されると、例えば会社みたいなものになるでしょう。

ただ、ちょっと面白いと思うのですが、「会社」を逆にすると「社会」になります。つまり会社は、社会と近いところがあるけど、社会そのものではない、ということなのです。

社会は基本的に全ての人間を含むものだったけど、会社は特定の人の集まりで、「ウチの会社」なんていう言い方に見られるように、ウチとソトがあります。だから、社会そのものではなくて、身近な関係の要素を持つ。特に、会社の中の上司と部下の関係なんかを取り出すと、これは我々が関わる**身近な関係**の代表的なものの一つでしょう。

一方、会社に就職するっていうのは、会社と社員が雇用契約を結ぶってことで、ここに社会的な関係が見られます。契約のような手続きはお互いに知らない間だから必要になるもの、つまり社会的なものだったからですよね（第2章2節）。それに、大きな会社になると、「同じ会社」って言われても知らない人も含まれることになる。だから、会社での関係は身近な関係の一種ではあるんだけど、確かに**社会**に近いと言うことができそうです。

ヨコの相補性と社会

私たちは身近な関係の基本は一方的なものではなくて、「お互い」ということ、相互性だと考えました（第1章3節）。例えば、一方は相手を知っているけど、もう一方は相手を知らないというような場合（例えばストーカーとか）だったら、それは「身近な関係」とは言えない、と。

だけど、「お互い」っていうのは大事ではあるし本当に人間関係の基本なんだけど、それだけだったら、身近でなくてもあり得ると言えばあり得るわけです。例えば、我々の生活を成り立たせている売買っていうのも、これはこれで相互的な関係になります。お客の私から見た「お金で物を買う」は、お店側から見た「お金で物を売る」とセットになっていて、一方的に人の物やお金を奪うっていうのではなくて、お互いに「差し出す」と「受け取る」をする。

だけど、こういう相互性は身近なものではなかった。こういうの（つまり経済的な活動）は、**社会的**な行いです。だって、前にも確認したように、相手のことは知らなくてもいいからです。私が欲しいのはこの果物であって、その果物を売っている人じゃないのです。だから、その場でお金を払って、果物が手に入ればよい。もちろんね、良心的な商売をしている人だっているし、「単にお金のため」とだけ考えると商売自体もあまりうまく行かないことがあるわけですが、基本のところは、「相手はどうでもよくて、その場で自分の欲しいものが手に入れば、それっきり」というのもあり得ます。

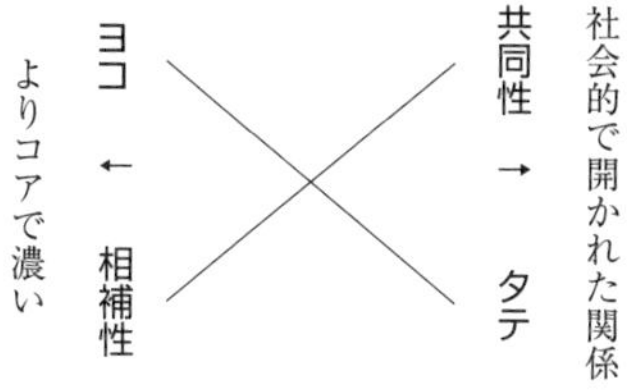

それに対して私たちがわざわざ**身近な関係**として取り出したのは、単に「お互い」というだけではなくて、ある程度続く、安定した関係のことでした。少なくともそうであるのが望ましい。ただ、さっき見たように、例えば会社での上司と部下の関係（タテの共同性）なんかは、「人と人の結び付き」というより、「役割分担」の側面が強いし、人間の一部分だけでの関わりでした。それに対して、ヨコの相補性の場合は、丸ごとの人間の関係だった。そういう意味では、一方の極に**タテの共同性**があり、他方の極に**ヨコの相補性**があります。ヨコの相補性が、いわばいちばんコアな、濃い人間関係で、その対極にあるのが上司と部下の関係のような、タテの共同性。上司と部下はお互いに知っている間柄で、単にその場その場での付き合いではない。だから、それ自体が**身近な関係**。ただ、同じ身近な関係でも、ヨコの相補性のようなコアな関係とは違うし、社会に近くなる。つまり、ヨコの相補性とタテの共同性が対極で、そしてタテの共同性のずっと延長上に社会があるらしい。

タテの相補性と個人

さて、身近な関係と社会との関係を見ました。となれば、次は**個人**との関係です。一例として、**タテの相補性**と個人との関係を見てみましょうか。

例えば、みなさんも経験あるかもしれないけど（私にも経験あるから言うんだけど）、親っていうのは大事なんだけど、うっとうしくもあるわけです、正直な話が。ただ、そう思う時点で、子どもにはそれだけ自我が芽生えてきてるのだとも言える。最初は自立できていなかった子どもが、やがて独り立ちする。そこで初めて「個」ということが出てくる。

それに対して、親の方は子どもを守る、育てるっていう意識をなかなか切り替えられません。親はもう成長してしまった大人なので、それ以上成長することがあるとしても（そして、実際には成長できるし、してもらわないと困るわけだけど）、なかなか簡単に成長、変化できません。それに対して、子どもの成長っていうのは、人間の変化の中で最も急速で、大きな、劇的な変化です。だから、どうしたって親はそれに追いつけない。

このギャップが、子どもには圧力になってしまうことがあるわけです。すでに「個」になりかけている子どもに対して、「自分の子どもだ、この子はまだ個ではない、自立していない」と見えてしまう親は、必要以上に干渉する……。

ここではタテの相補性と個人との関係を中心に考えましたけど、これはタテの相補性だけではなくて、身近な関係と個人との関係には付きものの問題です。社会はできるだけ人びとの間に距離をおいて、人びとが互いに傷つくのを防ぐ。しかし、身近な関係は社会とは違って、個人個人に近い、だからその分だけ、個人に干渉することになりかねないわけです。

距離をあける

「親しき仲にも礼儀あり」なんていうことわざがあります。その「礼儀」っていうのは、おおむね、お互いに距離を保つっていうことです。これが**社会**で必要になるのはわかりますけど、「親しき仲」にも、つまり、**身近な関係**の中でも必要？　なるほど身近な関係では距離は社会の場合よりも詰まってくるでしょう。だから、「礼儀」と言っても社会で必要になるのとは違うだろうけど、でも、個人を保つためには、たとえ身近な関係であっても、距離をとる、あるいは間を開けるというのはやはり大事そうです。お互いの個を保つ、お互いに圧迫しないようにする、っていうことですね。

　さっきは個人とタテの相補性を見ましたけど、これはヨコの相補性の場合やタテの共同性、ヨコの共同性の場合でも同じでしょう。恋人や夫婦の間でも一定の距離は必要だろうし、友だちといっても、いつもいつも一緒にいて、何でもかんでも同じ、というわけではない。まして、一定の目的のための役割を分担している会社なんかでは、なおさら個人を圧迫しないことが大事になります。そうでない会社、それを人はブラック企業と呼ぶわけです。

2　兄弟の問題、夫婦の問題

家族の問題

さて、「ヨコの相補性とタテの相補性」というように、抽象的な形で取り出したパターンからずっと考えてきました。そこで今度は逆に、具体的な例（正確には、具体的に思える例）から考えてみましょう。

例えば、親子の関係というのは、家族の大事な部分でしょうけど、親子と家族はイコールではありません。だって、ひとり親家庭のように、親子だけでできている家族もあるけど、それ以外にも、両親のいる場合、その両親っていうのは、子どもから見たら親だけど、お互いは夫婦なわけじゃないですか。だったら、家族っていうのは、実はいくつかの関係が複合したものだということが分かります。

図で確認しましょう。ここには、①夫と妻の夫婦関係があります。そして、親子関係があ

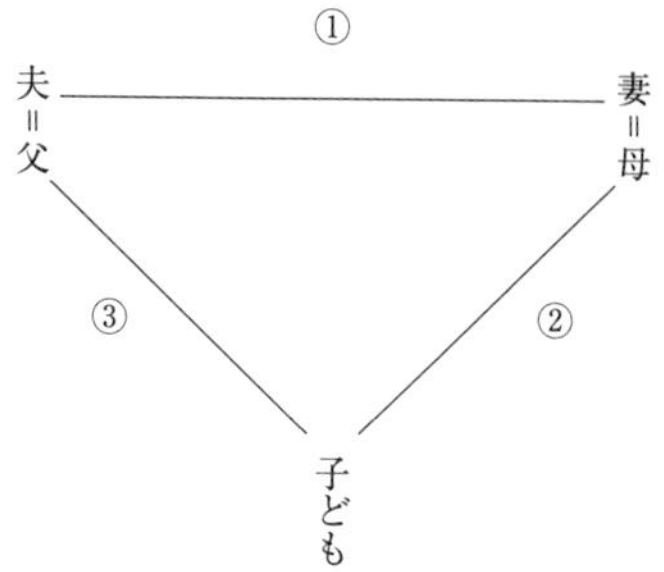

る。しかも親子関係は、厳密に言えば、②母と子との関係と③父と子との関係という二つがあるわけです。

家族を分解する

これらを私たちの言葉で言い直すと、夫と妻の関係は基本的に**ヨコの相補性**、父と子、母と子の関係は**タテの相補性**。だからこの三人家族は、ヨコの相補性と二つのタテの相補性からできている。ふむふむ。

でも、一つ確認しておきましょう。前から言っているように、「友だち」、「家族」みたいに、身近な関係を示す言葉はたくさんあるけれども、それらは十分に役立つものではありませんでした。特に、さっきのように考えてみると、「家族」というのは、実に粗い（解像度の低い）捉え方だったということが分かります。もちろん、「家族」という一つのまとまりがあってもいいわけです。だけど、そういう大雑把な括り方をすると、見えなくなってしまうものが確実にある。その覆いを取り除いてみると、そこには幾つもの関係が含まれていることがはっきりと分かるわけです。

兄弟の問題

さて、家族の問題が出てきたついでに、兄弟姉妹（長いので、以下、兄弟と略称します）について考えてみましょう。

さっきの図は子ども一人の家族を考えましたが、例えば子どもが二人いる場合を考えてみましょう。その二人は兄弟。では、兄弟はどの関係パターンか？

すぐに分かった人がいたかもしれません。兄弟は、同じ親の複数の子どもです。つまり？そう、親が同じなわけだから、共同性です。問題は、タテなのかヨコなのかです。たぶん、これは両方あるでしょうねぇ。双子や年が近い兄弟ならヨコに近くなるだろうし、年が離れていたら、タテにもなるかもしれません。

例えば、『サザエさん』の場合。サザエさんとカツオは姉と弟ですが、かなり年が離れています。サザエさんは二〇代でもう結婚して子どももいる。それに対してカツオは小学生です。しかも、カツオには年の近い妹ワカメちゃんがいます。そうすると、カツオとワカメは

ヨコの共同性に近く見えるだろうし、サザエさんとカツオは**タテの共同性**に見えるときがあるだろうと思います。だけど、例えばサザエさんとカツオが喧嘩《けんか》して、二人がお父さんの波平さんに叱られている、なんていう場面を考えてみると、これはやっぱり同じ親の子ども二人、ヨコ並びだなということになるだろうと思います。つまり、**ヨコの共同性**。

こうしてみると、「兄弟はどの関係パターンか？」という問題に対する答えは、一つには決まらないわけですが、これは「答えがない」というのでもなければ、まして「答えは人それぞれ」というのでもありません。むしろ、「兄弟はこういうもの」という一つの答えに決めつける方が不正確なのです。

「兄弟」という言葉が全然ダメだというわけじゃありません。だけど、それらは場合によっては雑な捉え方になっちゃう。それに比べて、私たちの分析の仕方、四つの関係パターンで整理する捉え方は、非常に正確なのです（ふふふ）。

夫婦の問題

うーん、ここまで来たんだから、ついでに、もう少し先まで。

さっきは家族をいくつかの関係に分解できました。そこには、例えば「夫と妻」の関係が含まれていた。「夫と妻」というか、まぁ、一般的に言えば「夫婦」。
だけど、これも実に雑な捉え方です。例えば、以前に出てきた、スキューバダイビングが趣味の田中君と吉田さん（第2章4節）のカップルを考えてみましょう。この二人はスキューバダイビングという共通の趣味を通じて知り合いました。だけど、やがて二人はお互いを深く理解することで、ともに生きていこうと決めます。そして、やがてこの二人が結婚すると「夫婦」と呼ばれる。

めでたしめでたし。だけど、いかにも雑じゃないですか？　最初は他人だった二人がスキューバで知り合って「友だち」になり、やがて「恋人」になり、そして「夫婦」になった？　いや、間違いとは言いませんよ。だけど、二人が結婚したら、スキューバをやめちゃったわけじゃないでしょう？　だとすると、今でも友達的な何かがあるわけです。いや待って、友だち的な何かって、何それ!?　そう、今までだったら「友だち的な何か」というようにボンヤリとしか捉えられなかったけど、それが今の私たちにはクッキリと見えます。うん、**ヨコの共同性**です。だけど、今はそれに加えて、お互いの違いを尊重し合い、より深い関係ができた。そう、**ヨコの相補性**です。そして、役所に届け出をして、法律上も夫婦になった。そう、ここには**社会**的な関係がある。

こう考えてみると、雑に「夫婦」と呼ばれるこの二人の関係も、クローズアップして見ていくと、その中にヨコの共同性、ヨコの相補性、社会的な関係と、幾つもの関係が織り込まれていることが分かります。

夫婦だけじゃなくて「会社」もそう。さっき会社について考えたことも、実はかなり解像度が低かった。だって、会社は確かに一つのまとまり（集団）だけど、それは多くの人間関係が複雑に合わさったものだと考えることができるからです。上司と部下の関係、つまりタテの共同性だけではなく、同僚とのヨコの共同性もあるだろうし、その他の関係もたぶん含まれています。

関係と言葉

さっきは「家族」を分解して、そこに幾つかの関係が含まれていることが分かった。さらに「夫婦」や「会社」にも幾つかの関係が重なっていることが分かりました。こうして私たちは、身近な関係についてかなり理解を深めたし、そうした理解（四つの関係パターン）を活かす方法を知ったと言うことができます。

もちろんね、私だって今でも「家族」、「友だち」という言葉を使います。それで済む場面もあるから。だから、それが全然ダメだとは言いません。歴史の中で自然に生まれてきたものだから、一挙になくしてしまうことも難しいでしょう。だけど、それらが不十分で不正確な言葉であるのは、やっぱり間違いない。

関係というのは目に見えるものじゃないから、正確に捉えるのは確かに難しい。でも、だからこそ身近な関係について考えていって、名前を付けて、それで摑《つか》まえるしかない。私はここで書いていることが万全だとは言いません。だけど、身近な関係をより正確に理解する試みは、やはり必要だと思うし、ここでは少しそれができているかな、と思うのです。

3　まえがきの問いに答える

方便さんと私、ふたたび

さて、基本的なところは出そろってきたと思うので、四つの関係パターンの応用の例として、まえがきの冒頭に出てきた方便さんと私の関係を考えておきましょう。

方便さんは出版社に勤める編集者で、私は著者。だから仕事上のパートナーという側面はあります。これは社会的な関係ですね。ただ、今まで考えてきたことを使うと、もう少し中身を考えることができます。

まえがきにも少し書いたように、私と方便さんはずいぶん年が離れているけれども、目上、目下の関係じゃないです。つまり、基本は同等です。**ヨコ**の関係ですね。

だけど、感性というか、センスというか、そういう点では全然違っています。方便さんは、面白いものを見分けるセンスが抜群なのです。はっきり言って私は方便さんのそういうところを尊敬しているし、信頼しています。そして、まぁ、自分のことなんで言いにくいけど、そういう方便さんが私のことを見捨てもしないで付き合ってくれているところを考えると、たぶん、私にも何かいいところがあるんじゃないか、と思うわけです（頼りない話だけど）。実際、前の本が出来上がってすぐに、「今回の作業は面白かったから、次回作もすぐに考えましょうか」と方便さんが言ってくださったとき、私はすごく嬉《うれ》しかったのです。

さて、こんな具合だとすると、二人の関係は、違っているけど、あるいは、違っているからこそ結びついている、そう、**相補性**ということになりますね。

実際、二人はかなり違っていると私は思っています。もちろん、「いっしょにいい本を作りましょう」という共同性がないわけじゃない。だけど、それってすごく漠然としていて、「共通」、「同じ」って言うのが恥ずかしくなるくらいです。編集者の中には、「こういう本を書いてください」というタイプと、「何か面白いことないですか？」というタイプがあります。方便さんはだんぜん後者で、私たちの本は最初からテーマが決まっているわけじゃないのです。私も「何が書きたい、これを訴えたい」ということが最初から分かっている頭のいいタイプの著者ではないので、「そうですねえ、まぁ、最近はこんなことをぼーっと考えてますけど」とかって方便さんと話したり、原稿をやり取りしたりしてだんだん内容が固まってくる。

つまり、私と方便さんの関係は**ヨコの相補性**だったのです。はあ、すっきりした！

図書館の二人

さて、これもまえがきに出てきた吉田君と小島さんです。図書館の係の人に、彼女のことを「ただの知り合いです」と紹介しちゃった吉田君、なかなかかわいいヤツです。だけどこれじゃあ困るし……。そう、私たちが作った枠組みを使うと、こういう困りごとがなぜ起こるのかも理解できるし、改善することもできるのです。

まず、二人の関係を考えてみましょう。「ただの知り合い」なんて言っちゃったけど、二人はちゃんと付き合っていて、実際、やがて結婚したくらいの仲なのです。この二人もかなり性格、特性が違っていて、いい感じのデコボコです。そう、**ヨコの相補性**なのです。

だけど、名前も知らない図書館の係の人に向かって、「これは私の彼女です」とか「これが私の大事な人です」と紹介しても、図書館の人も困るでしょう。小島さんからすれば、「ただの知り合い」より「大事な人です」と言われる方がまだいいかもしれないけど、それもまぁ、普通に考えたら恥ずかしいでしょうねぇ。

では、吉田君は何と言えばよかったか。私たちの理論がいくら優れているからと言って、全世界の人がそれを知ってくれているわけじゃないので、「私たちはヨコの相補性です！」なんて宣言しても、何のことか分からない。そこでもうちょっと視野を広くします。そうすると、これも実は私たちの考えを応用することができることが分かります。

以前にも書きましたが、この図書館の係の人と吉田君―小島さんは、お互いに知らない同士なわけです。だから？　そう、ここにあるのは**社会**的な関係です。そういう場に「私たちは恋人です」という二人だけの関係を持ちだしても意味がない。「二人はヨコの相補性」という理解は、当人たち二人にとっては大事だけど、図書館の係の人、つまり関係ない第三者からすれば別にどうでもいいのです。そうじゃなくて、二人の関係を、そういう第三者にも分かるように、社会的な観点から見た場合にどう見えるのかを説明しなければなりません。

そうすると？　そうですねぇ、たぶん便利なのは「婚約者です」というあたりでしょう。

すでに法律的に結婚しているんだったら分かりやすいけど、そうじゃない。だから「配偶者です」と言うとはっきりウソになる。だけど、婚姻届は出してないけど、二人でこの先も生きていこうと決めているのなら、「婚約者です」と言ってもウソではありません。そして、これなら係の人も納得しやすいわけです。

そうですね、こんなふうに、自分たちの関係がどうなっているか、自分たち自身にとってどうかということとともに、それを、社会や個人といったより大きな枠組みから見る視点も確保しておきましょう。

ここでもやり残したことはあるわけですが、これもみなさんそれぞれで考えてみてくださ い。タテの相補性と社会、ヨコの共同性と社会、ヨコの共同性と個人、ヨコの相補性と個人、そして、タテの相補性と個人。考えることいっぱい。楽しいですか。うん、楽しいよね!

第7章

あらためて、身近な関係は必要か

1　身近な関係は必要か？

「人は一人では生きられない」説

さて、いろいろと考えてきたおかげで、まえがきに出てきた具体的な問題にも一定の答えが出せました。こうなったら、例の大問題についても改めてアプローチできるでしょう。そう、「そもそも身近な関係は必要なのか」問題です。

中には早とちりして「どうせ、「人は一人で生きられない」とか言い出すんだろう」と思う人がいるかもしれません。はい、その通りなのですが（ははは）、考えてみると、ここには分けておいた方がいいことがあります。つまり、「人は一人で生きられないのか？」という問題と、「身近な関係は必要なのか」という問題は、似ているし（たぶん）関連しているけど、基本的には別な問題だからです。

例えば、「人は一人では生きられない。だって、食べ物にしろ何にしろ、僕らは他の人の作ったもの、用意したものを食べたり使ったりしているんだから」と言ったらどうでしょう。

実際、今この原稿を書いているパソコンも座っている椅子も、夕飯に食べようと思っている小松菜もみんな他の人の作ったものです。もちろん、そうしたものを全部一から作ることは、絶対に不可能だとは言えないかもしれません。だけど、現実的に考えて難しいでしょう。だから、さっきの意見は、基本的に正しい。

だけど考えてみると、それらはみんな、買えばすむものです。そして、買うってことは、前に見たように、身近な関係でのことではなくて、社会の中ですることです。だから、さっきのことから分かるのは、「人は一人で生きるのは難しい。少なくとも**社会**がなければならない」ということだけです。言いかえると、「**身近な関係**は必要なのか」については、これだけではまだ分からない。今度は本格的にそれを考えてみなければなりません。

パターン分けの意味

ただ、一言で「身近な関係」と言っても、その中にはいろんなものが含まれていました。友達、親子、恋人、ご近所、クラスメイト、その他あれこれ。で、「身近な関係」ということで何を思い浮かべるかによって、かなりイメージが違うだろうと思います。そう、だから「身近な関係は必要か」問題の答えもいろいろあるように思えるのです。

例えば、友達同士の関係と、親と子どもとの関係とではかなり違うように思えます。だから、「身近な関係は必要か」と聞かれて、親子関係を思い浮かべた人と友達を念頭において考えた人だったら、当然答えは違ってきちゃうでしょう。

そう、こうして意見が分かれる。答えがないように見える。だからこそ私たちは今まで、身近な関係の分類をやってきたわけです。つまり、「身近な関係」として一括りにして「必要だ／必要ない」と単純に答えちゃうのではなくて、四つの関係パターンを踏まえて、どのパターンが必要で、どのパターンが必ずしも必要でないのかをはっきりさせていけばいい。

身近な関係は必要である

そうすると、もうすでに答えは出ているのも同然です。だって、親子関係のような**タテの相補性**はどうしたって必要でしょう。前にも考えたように（第3章2節）、そもそも我々はどこかから生まれなければならないし、育てられなければならないからです。

タテの相補性にはそれ以外の関係、例えば先生と生徒の関係なんかも含まれるでしょう。そういう関係に基づくもの、つまり教育は「最低限生きるのにどうしても必要」とまでは言えないかもしれないけど、今の社会でまともに生活しようと思ったら、やはりもう「必要」と言っちゃっていいんじゃないかと思います。

幸か不幸か分からんけど、我々は自分の意志で生まれてきたわけではないし、自力で存在するようになったのでもない。要するに、我々を生む存在、親がいないと生まれてこない。もちろん、生まれてすぐに親を亡くした人、離ればなれになってしまった人もいるだろうと思います。だけど、その場合でも、大人になってともかく一人で生きていける段階になるまでは、育ててくれる人がなくてはなりません。別に血の繋《つな》がった親でなくても、養父母や施設の職員さんというように、ともかく育ててくれる大人が必要。

大人になったら、その時点では「一人で生きる」ということも可能と言えば可能。特に、さっき見たように、社会があって、いろいろと生きるための基盤が用意されているという状態だったら、ひとまず、自活して、自律して、一人で生活するってことはあり得る。だけど、生まれる、育つという段階では、大人がいなくてはなりません。だから、そういう意味ではやはり、「身近な関係は必要」ということになります。

四つのパターンの必要／不必要

それに対して、例えば上司と部下の関係のような**タテの共同性**は、「生きるのにどうしても必要」というよりは、何か限定された目的のために必要だと言えます。例えば、友だちが集まって会社を作るという場合を考えましょう。このとき、社員全員が同等な関係で、というのもアリっちゃあアリだと思うのですが、何と言うか、効率を考えると「上下があった方がやりやすい」、「組織があった方がスムーズに進む」と考えられます。

それに対して、友だちなんかの**ヨコの共同性**は、生活する、何かの活動する、事業を運営するといったものに必要というのとは、ちょっと違いそうです。さっきも見たように、我々は生む人や育てる人がなければ存在できませんけど、友だちはそこまでは言えない。

同じように、**ヨコの相補性**も、必ずしも必要とまでは言えないでしょう。例えば、恋人や配偶者のいない人も多いわけで、そうした人たちも立派に生きているわけだから。

問題の答え?

こうして私たちは、最初の問題に答えを出すことができました。身近な関係は必要か？うん、必要。ただし、身近な関係全部ではない。身近な関係には、必要なものがある。そういう身近な関係がなければ、我々は生きられない。だけど、一方で、身近な関係の中にも、「どうしても必要」とは言えない種類のものもある、ということです。ふむふむ。

だけど、まだ気になるところがありますね。何かモヤモヤするっていうか。だけど、そのモヤモヤこそが考える原動力です。

2　どういう意味で必要か？

必要としない人もいるかもしれない

タテの関係は、確かにうっとうしいところはあるんだけど、実は必要かそれに近い、それに対してヨコの関係は必要とは言えない。その通りだけど、なんかモヤモヤするのは、「いや、友だちだって必要じゃない？」と言いたくなっちゃうからだろうと思います。実際、『ワンピース』だって『鬼滅の刃』だって、友だちや仲間がいてこそ人を感動させるわけです。

たぶんね、こういうことだと思います。「タテの相補性は必要だけど、ヨコの共同性は必要とは言えない」というのは正しいんだけど、それは、例えばタテの相補性が誰にとっても必要なのに対して、友だちなどのヨコの共同性については人によって大事かそうでないか、その見積もり方に違いある、と。

改めて言うと、**タテの相補性**は全ての人にとって必要でした。ただ、ほんとに幼い頃には親身に世話をする（親身に！）人が必要ですけど、少し大きくなると、子どもも学校に出る。学校で、みんなにとって必要な教育を受ける。

一方、**ヨコの共同性やヨコの相補性**は、必要とする人は必要とするけど、必要としない人もいるかもしれない。このことを確認しておくことがものすごく大事になります。

そうでなくて、「友だちは必要なんだ」と主張したい人がいるかもしれない。でもそれは、自分ひとりで生きていける人、自分ひとりで生きたい人にとっては、押しつけ、圧迫になってしまいます。

逆に、「友だちなんか必要ない、人間はひとりで生きるべきだ」と主張したとすると、他の人たちといっしょに生きていきたい人たちの思いを踏みにじることになるでしょう。「ひとりで生きていけないなんて、そんな甘えたことを言うな」と言う人がいるかもしれません。ははは、典型的な余計なお世話、考えの押し付けですね。それは「ひとりで生きていける強さが大事だ」とする特殊な（一部の人にしか当てはまらない）価値観です。別に、友だちや恋人、配偶者を大事にするからと言って「弱い」とは言えないし、それに……。なぜ「弱い」ことがいけないのでしょう?

勇ましい建前からは見えない部分

「ひとりで生きることが大事だ」という価値観を否定する必要はありません。そうしたい人はそうすればよい。あるいは、人間関係の風通しが悪くなっている人にとっては、「ひとりで生きる」と考えることが必要になるかもしれない。

だけど、それを人に押し付けることはできません。それに……。いや、実は、「ひとりで生きることが大事だ」という価値観はそれなりに尊重されるべきではあるけど、それは、「身近な関係を取り除いてひとりで生きること」がほぼほぼ不可能であるからこそ、あり得ないような理想だからなのです。

実際、我々は「強さ」に憧れるけれども、幸か不幸か、実際にはそんな強くありません。一瞬だけなら、身近な人間を全て捨て去ることはできるかもしれない。だけど……。いや、難しい話じゃないのです。いくら「強い」人間でも、かつて子どもだったときにひとりで生きられなかったし、また、やがては誰もが年をとる。そして、若い頃だって、生年期、壮年期だって、ときに人は病気になります。だから、「強い」人間、自分を「強い」と思い込みたい人だって、ずっと強いまま、強がったままでいられません。ほぼ必ず弱るのです。「だったら、自分は病気にならないようにする！」と思う人がいるかもしれませんけど（そしてもちろんそうしてほしいけど）、いくら強い人間で健康でいても、例えばうんこしているところを狙われたら簡単にやられるわけです。

だから人間は守られなきゃいけません。「自分は強い！」、「守られる必要なんかない」と言う人がいたら、それははっきり言って阿呆《あほう》なので相手にする必要はありません。ただ、その弱さにも種類がある。

まず、大雑把なところは**社会**がカバーします。例えば我々の社会で生活保護制度や健康保険制度を作っているのはそのため。よく勘違いしている人がいますが、これらはお金のない人、病気や障害のある人のため（だけ）にあるのではありません。例えば、今のところ私個人はいちおう健康で少しの稼ぎもありますけど、いつ働けなくなってしまうか分かりませんし、いつ病気になるか分かりません。だからこういう制度、社会でお互いに助け合う仕組みは、私たちみんなにとって必要なのです。

だけど困ったことに、私たちが弱る、困るのは、そういう分かりやすい場合ばかりではありません。病気になったら、病院での治療は健康保険で補えますけど、治療以外のところは自分でやらなければならない。熱があって体もダルい中でご飯を作って洗濯もしなくちゃいけない。こういうときに助けてくれる人がいたら！　あるいは、病気とまでは言えなくても、心が弱ることはあります。こういうとき、誰かそばに、**身近**にいてくれたなら！

そう、身近な関係は一見すると分かりにくい。「人は強くあらねばならない」、「ひとりで生きていくべきだ」といった勇ましい建前の部分には入ってこない。そうなると「ヨコの共同性、ヨコの相補性なんか要らない」と言いたくなる。だけど、こうして考えてくると、身近な関係は、今は元気でバリバリやれてるという人にはなかなか実感できないだろうけど、可能性としては、誰にだって必要になるときがある、ということになります。

3　必要かどうかという問題のその先

幸せの問題

改めて整理してみましょう。生まれ、育ち、生きるためには、**タテの相補性**と**社会**とが全ての人にとって必要です。後は、全員にとってというわけではないけど、**タテの共同性**は目的によって必要になることが分かった。そして、**ヨコの共同性**や**ヨコの相補性**は、人によって必要になり、また、可能性を考えると、なおさら必要であることも分かった。

こうして、「必要か」問題はもう解決しました。だけど、さらにもう一歩進めてみましょう。もう「必要かどうか」だけに拘《こだわ》る必要はありません。だって、私たちは「必要」だけで生きているのではないからです。いわば必要以上のものを考えに入れるのです。「必要」なんてそんなみみっちいことを言わずに、もっと欲張って考えてみるのです。

お金よりも……

例えば私は授業の中で「考えるだけならタダなんだから、思い切って贅沢《ぜいたく》に考えてみましょう！　お金持ちになりたいか、幸せになりたいか？」と聞いてみることがあります。問題はシンプルですけど、いろんな角度から考えることができて、これがなかなか面白いのです。詳しくは前に書いた本（『哲学、する？』、『ふだんづかいの倫理学』）に譲りますが、かなり多くの人が書いてくる意見があるんで、そこに注目してみましょう。

「お金持ちになりたい」という人も、「幸せになりたい」という人も出てくるのですが、「幸せ」を選んだ人たちが非常によく書いてくることがあるのです。それは「私は、お金持ちじゃなくても、好きな人といっしょにいられれば幸せです」とか、「家族と平和に過ごせるのが私の幸せです」といったヤツです。

これに対して、「お金持ちになりたい」を選ぶ人は「だって、お金があれば好きなものが買えるから」と書いてくるわけです。

こうしてみると、私たちにとって「幸せ」には、どうも二種類あるらしい。一つには、「自分の好きなことができる」こと、もう一つは「身近な関係の中で生きる」ことです。

あらためて、身近な関係は必要か？

サマセット・モームというイギリスの大作家に『人間の絆』という超有名な小説がありますす。タイトルから、「人びとの絆《きずな》が大切」というようなメッセージが込められた内容の話かな、と思うかもしれませんが、とんでもない、これが全然違うのです。実はこれ、日本語訳では「絆」というタイトルで知られていますが、英語の原題だと「ボンデージ」です。ボンデージって「縛り、緊縛」という意味です。だから実は、最近になって『人間のしがらみ』という題名にした新しい翻訳が出ました。

とても面白い小説なのですが、イヤになるくらい、ダメ人間が出てきます。自分のダメさにプラスして身近な人間の「しがらみ」に縛られて、自分の思い通り生きることが出来ない姿がこれでもかというくらいに描かれます。

そうなんですね、身近な人間の「絆」は、同時に、別な方面から見れば「しがらみ」でもある。だから、身近な関係を大事に思う人もいれば、それを鬱陶しいと思う人も出てくることになります。そして、それが大事に思えたら、「身近な関係は必要だ」と言いたくなるし、鬱陶しいと思ったら「身近な関係なんか必要ない」と言いたくなる。それどころか、単に

「必要ない」じゃなくて「積極的に要らない！　あって欲しくない、なくなって欲しい」と思う人も出てくるんだろうと思うのです。

さっき、人が生きるには社会は必要だ、ということは確認できました。生きるのに必要なものを得るために我々は社会を作った、と言ってもいいです。しかし、社会が提供してくれるのは、いわば最低限のものに限られます。そして、それでいいと考える人がいます。だって、後は自分で好きなことができればいいわけだから、と。これがさっき出てきた「自分の好きなことができる」派です。この派の人にとっては、たとえ「身近」とはいえ、他の人が入っていくると自分の思いどおりにならない。この派は、だから、「自由」を大事にしていると言ってもいいでしょう。

一方、身近な人間関係は、よく悪くも最低限じゃないのです。どこか過剰なところを持つ。だから人によって意見が分かれる。「最低限必要」なら、かなりの人が一致できます。しかし、それ以上となると、それは人によって場合によって、かなりブレが生じます。しかも、自分一人で作るものじゃないのだから、思いどおりにはいかないこともある。ひょっとすると、想像していた以上に素晴らしいものとなるかもしれませんし、しかし他方では、最悪の場合には我々を押しつぶす可能性も持つ。だからこそ身近な関係は扱いにくい。同時に、だからこそ面白い。特に「身近な関係の中で生きる」派の人にとっては、自分一人の幸せとは違って、それはものすごく大きなものになる。この派にとっては、「自分の思い通りになる」よりももっと重要なものがあるのです。

身近な関係が持つ、もう一つの意味

私たちは「身近な関係は必要か」という問題を考えていって、「身近な関係は、どのように必要かの違いはあっても、やっぱり必要だ」ということを知りました。しかし、さらに今分かったことがあります。それは、「身近な関係には、必要というより、我々の幸せに関わるものがある」ということです。

だからこう言えばいいでしょうか。もちろん「身近な関係は必要か？」という問題は大事だったんだけど、今となってみると、それは問題の半分だったことが分かった、と。

実際私たちは、必要だけで生きているわけではない。必要のために生きているのではないのです。身近な問題について考えていく中で、もしそのことがはっきりしたのなら、ひょっとするとそのことの方が大事だったのかもしれません。

【コラム】生殖の問題

ちょっと想像をたくましくする

さて、ついでに、もう少し考えを広げておきましょう。

さっきは、「少なくとも「生まれる、育てられる」というのは一人ではできない。だから、身近な関係には必要なものがある」と考えました。

だけど、これは今の時代だから、かもしれません。というのは、例えば、SF小説やマンガなんかでは、人工的に子どもを作る技術が開発されていて……というような世界も描かれますし、今でも少なくとも考えることはできるからです。確かにまだ完全には無理だけど、人工的に受精卵を作って、子どもを大量に作ることができるようになったら？

身近な関係の中で最も必要性が高いものが**タテの相補性**でした。だけど、もし人工的な手段で生殖できるようになったら、タテの相補性も必要なくなるかもしれない。ということは、行きつくところまで行けば、「身近な関係で必要なものはない」という結論になる？

倫理的な問題

これはねえ、これだけでかなり大きな問題です。だけど、一つ言えることがあります。それは、もしこれを認めるとすれば、我々の現在のあり方も価値観も根本的に変わらなければならないということです。

例えば、受精卵を作るとき、精子と卵子をランダムに受精させるのか、それとも、精子と卵子を選び出し掛け合わせるか、そういうところから考えないといけない。そして、もし「精子と卵子を選んで」ということにするんだったら、それはわざわざ選ぶわけだから、「よい精子と卵子」あるいは「優秀な精子と卵子」を選びたいと思って自然です。ただ、そうなるともっと難しい問題が生じます。つまり「よい精子、優れた卵子」とは何か、ということです。そもそも「よい」や「優れた」を誰が決めるのでしょうか。もう親はいないわけだから、社会で決定する？

ふーむ、どうもマズそうです。そうなると、生まれてくる人間は、社会が決定した「よい、優れている」という価値観のための道具になってしまうからです。

生殖と育児

こう考えると、完全な人工生殖はなかなか採用しがたいことが分かります。

それればかりじゃなくて、例えば、そうですねえ、人工的に子どもを作ったとして、名前はどうしますか？　現在のやり方だと、両親や保護者が名前を付けるわけですが、例えば国が子どもを生産するんだったら、まったくランダムな記号や数字で識別する？　生まれた順番に「５６７８３４５０５号」と「５６７８３４５０６号」というような名前を付ける。ふむ、何だか妙な具合です。さらに、品質を保つために育て方も全部同じ……。

しかし、そうなると、根本的な疑問が浮かんできます。そもそも、なぜそんなことをして子どもを産んで育てる必要があるのか、ってことです。それはもう人間を育てるのとは違って、文字通り「製品を作る」ってことじゃないのか、と。

工場で作られる製品は、何かの役に立つように目的が設定されています。だから作る意味がある。だけど、人間はそもそも「何かの役に立つ」ためのものなんでしょうか。例えば、鉛筆は文字を書くのに役に立つし、服は寒さをしのぐのに役立つ。では、この本を読んでいるみなさん一人ひとりは何かの役に立ちますか？　もちろん、人が何かの役に立つ、他の人の役に立つってことはあってもいいです。だけど、私たちは何かの役に立つために、ただそのためだけに存在しているわけではない。

だとすると、答えはシンプルなものになります。もしできるとしても、工場で子どもを作ることには意味がない、ということです。

そして、本書の視点からはこう考えられます。どうも、我々一人ひとりが個性を持つのは、工場で作られるんじゃなくて、身近な関係の中で育つからではないか、と。身近な関係こそが我々を作るのではないかと。うん、これはなかなか深い問題です。ここでは問題提起に留めておきますけど。

結びに代えて――人は変わる、関係も変わる

まとめ

我々はいくらよい社会でも、それによって個人一人ひとりが幸福であるとは限りません。**社会**は、幸福というよりは、まず生きるために必要なものを手に入れるのに欠かせないものです。だから、我々が自分らしく、豊かに、幸福に生きることができるためには、社会のほかに、二つのものが大事になってきます。

一つは自分自身が自分の自由でもって自分の生き方を決められる、ということです。そして、もし自分が、他の人との関わりよりも自分のやりたいことを実現したいと思うのであれば、それを優先することはできるでしょう。これは文字通り**個人**の自由です。

他方、それればかりではなく、**身近な関係**の中にこそ自分の幸せがある、と考える人もいるかもしれない。とりわけ、ヨコの共同性、ヨコの相補性なんかはそうでしょう。

だけど同時に、これら身近な関係が大事だとしても、それればかりが優先されて、その関係を作っている個々の人々が押しつぶされるのでは何にもならない。何にもならないというよ

り、そうであればそうしたものはない方がよい。

本書では四つの関係パターン、それと社会、個人を区別することで、前よりはちょっと人間関係に関する解像度を上げることができました。だけど、自分たちの関係を作る、豊かなものにする、それをどう実現していくか、その具体的な選択は我々一人ひとりの課題です。私はそこまで口出しすることはできません（したら、おしつけになっちゃう）。

それに、身近な関係のパターンは以上の四つだけとは限りません。私は、この四パターンはそこそこよくできているんじゃないかと思うけど、他にも考えられるだろうと思います。例えば、「自然にできる関係と人工的に作る関係」というような区別も考えられます。これだと、町内会問題の時に出てきた、コミュニティとアソシエーションの区別ともうまく重なります（七二ページ）。だったら、「タテとヨコ」や「相補と共同」の代わりにこれを入れてもよかったかもしれません。あるいは、もっと言えば、足りなくて補うべきところもあります。それどころか間違っていて、修正すべきところがあるかもしれません（むしろ、絶対にあります。ざっと数えただけでも、私はこの本の内容に二八個くらい不満と疑問があります）。だけど、それはもう別の仕事です。それに、そうした課題について考えるときにも、この本で考えたことはきっと役立つだろうと思います（っていうか、役立ててください）。

万年筆の話

最後に少し取り上げておいた方がよいことがあるので、それを結びの代わりに。私はあまり趣味と言えるようなものはないのですが、一つ、ここ数年ハマっているのは、万年筆です。単なる筆記具。だけど、これがなかなか奥深いのです。値段もピンキリです。数百円のものから、数千万円のものまであります。

もっとも、数千万円のものなんかは宝石が埋め込んであったりして、全然実用じゃなくて、私などは縁がありません。私が興味があるのは、書き味です。もちろん、人によって好みはありますが、ペン先からインクがするする出てくる感覚は、なかなか気持ちがよくて、うっとりするほどのものもあります。

ボールペンは、ペン先にボールがついていてこれが回転するので、常に一定の線が引けます。便利。だけど万年筆は、尖《とが》らせた金属（つまりペン先）で紙をこするように書くわけで、そのペン先の調子によって、書き味は天国と地獄くらいに違います。不便と言えば不便。だけど、万年筆が好きになると、ボールペンには、何というか、面白味がないというか、そんな不満を持ってしまうのです。

ボールペンは、そのまま使えます。当たり前といえば当たり前に見えますが、万年筆は、書き味がペンによって、メーカーによって、時代によって、もう本当にさまざまなので、その中から好みのものを見つけ出すがのが楽しみです。もし書きにくいものでも、それを調整して使いやすくするのがまた楽しみなのです。

調整の思想

ところで、このペン先の調整には、二種類のやり方があります。一つには、専門の調整師さんに調整してもらう。もう一つは、自分で使いながら馴《な》らしていく。

万年筆の場合、たとえ基本はいいものでも、手にした瞬間は書きにくかったりします。ボールペンはいつまでも同じ書き味ですが、万年筆は使っていくうちにペン先が少しずつ削れていって、だんだんと書きやすいものになります。よく言われる言い方だと、「ペンが育つ」。そのためにはどんどん使ってやるのがいい。そうして、「自分でペン先を育てる」ということになります。

それに対して、専門の調整師さんに調整して貰う、ということもできます。自分で馴らしていくなんていう時間のかかる調整ではなく、もう一気に最高の状態を作る。でも、これは逆に言えば、「万年筆というのは、調整した時の書き味が最高で、そこからだんだん悪くなる」という考え方です。

時間の問題

確かに、道具であれば使いたい時に最高の状態であるのが望ましい。それはその通りでしょう。この考えは非常にもっともな、合理的な考え方です。

しかし、万年筆の場合は、ちょっと違う考えも成り立つ。というのは、万年筆は、いくらなんでも万年は持たないとしても、かなり長い期間使える、場合によっては人間よりも長生きです。そうすると、どうでしょう。「だんだん悪くなるものと長く付き合う」っていうのは、ツラくないですか。

だったら、次々に新しいのに買い換える？　ふーむ……。

例えばお金持ちのマニアだったら、次々に買い換えることもできるでしょうし、気に入らなければ別のを使ってもいいかもしれません。中には何百本、何千本と集めるマニアもいます。しかし、普通の万年筆を使う人たちにはそれはできない。せいぜい数本の万年筆、中には一本の万年筆と長く付き合うことになる。そうすると、少しずつ少しずつ、万年筆が馴染んでくる。私の方でもそれに馴染む。そうすると、かけがえのない一本、手放せない相棒になる。そう、人間の関係と似ているところがあります。

人と人とのマッチング

マッチングアプリ、結婚相談所といったものがあります。年収、年齢、趣味、身長・体重その他、いろんなデータを入れてあって、そこから自分にマッチする人を選ぶことになるらしい。もちろん、これは人と物との関係とは違って人と人との関係なので、一方的に選ぶものではなくて、自分も相手から選ばれます。お互いですね。相互性がなくてはならない。だけど、敢えて喩《たと》えるなら、これは既に調整できている万年筆みたいなものです。確かに合理的だけど、「最初から全ての条件が揃《そろ》っているはず」と思い込みすぎると、よほどの場合じゃないとうまくいかないいんじゃないかと思います。

もちろん、理想としては最初から条件が揃っていることかもしれません。だけど、人間は大きなメーカーの工業製品みたいに品質が揃っているようなものじゃありません。よいところもあれば、ダメなところもあるかもしれない。だけど、そういうデコボコが、ある程度の時間に従って、マッチするようになる可能性もあります（絶対じゃないけど）。とりわけ、ヨ

コの相補性に関してはそうです。だから、結婚相談所なんかで出逢《であ》って結婚した人たちも、実際にはいっしょに生活する中で次第に関係ができてくるのじゃないかと思います。

出会いと変化

特に恋愛、結婚、これは、例えば血の繋《つな》がった親子の場合のように、生まれたときから自然に思える形で結びついている（結びつかざるを得ない）というのとは違います。最初は知らない二人が、何かのきっかけで出逢う。つまり、身近な関係というのが最初からあるわけではない。そしてたぶん、今までも見てきたように、出会いの最初のきっかけは、多くの場合は何かの共通性でしょうね。趣味が同じだとか、同じ会社にいるとか、ご近所とか。つまり**ヨコの共同性**。

しかし、そうして出逢って、徐々にお互いの違いも見えてきて、そうなると、場合によっては**ヨコの相補性**に至る。でも、そこで例えば相思相愛になったり結婚したりで終わりではなくて、大事なのはそこからです。お互いのデコボコが合うように見えて、それでも、最初からその合い方がまったくピッタリなんていうことは、やはりめったにない。それこそ工業製品じゃないんだから。むしろ、関係の中でマッチしてくる。

もちろん、それじゃイヤだ、と考える人がいるかもしれません。最初から完全であることを目指したい、と。私はそういう考え方を否定しません。ただ、そういう考え方が唯一のものではない、ということは確認しておいた方がよいだろうと思っています。

関係の変化

タテの相補性の代表的なケースといえば、育児、教育でした。私たちは最初、そこにはある種の上下関係、タテの関係がある、と考えました。だけど、育児や教育をして、それでどうなるのかと言えば、それで子どもは大人になる、生徒や学生は成長する。いや、実際にはいつもいつもそれがうまくいくかどうか分からないけど、それを目指しているわけです。だとすると、**タテの相補性**というのは、時間が経つに従って、タテからヨコに変化する、ってことになります。

いや、これはタテの相補性ばかりじゃないかも。**ヨコの共同性**だって、前に見たように、その中で力関係が変化して、メンバーがお互いに対等じゃなくなって、結果としてヨコがタテになることがあるかもしれない。そして、今見たように、ヨコの共同性が深まって、**ヨコの相補性**に変化するかもしれない。そして、その中でそれぞれの人間も変化していく……。

二種の変化

確認しておくべきことが三つ出てきました。

一つには、関係について考えるには、変化するってことを考えに入れないといけないらしい、ということです。逆に言うと、関係のあり方を固定的に見すぎてはいけない。

そして、一口に「変化」と言っても、それに二種類あるらしい。つまり、タテの共同性で見た場合のように、「タテがヨコに」というような関係のあり方の変化が一つです。そしてもう一つは、タテの相補性やヨコの相補性の場合のように、関係の中で、時間の経過とともに、その関係を作っている（作っていた？）はずの個人個人そのものが変化することがありうる、ということです。

関係の変化、人の変化

この本では関係を、関係のあり方の基本的な形、パターンという観点から見てきました。だけど、こうして考えてみると、人間の関係は静止したものではなくて、大きく変化するものだと考えた方がいいでしょう。

さらに、関係が変化するとともに、その関係を作っている人間の方も変化してくる。もちろん、その変化は短期間に起こるとは限らない。ドラマなんかでは、他の人との出会いによって人間が劇的に変化する様子が描かれたりしますが、そういう場合ばかりではない。おそらく、変化には長い時間がかかるでしょう。

そういう意味では、私たち人間のさまざまな関係の中には、関係が変化したり、我々自身が変化したりした「歴史」みたいなものが織り込まれています。我々は一人ひとりの人を「かけがえのない存在」だと言ったりします。だけど、実は、それはその人がかけがえがないということとともに、その人が他の人と作り出す関係、その歴史こそがかけがえのないものなのかもしれません（一七七ページ）。

個人と関係

もっとも、それだけに人間の関係は、何と言うか、ある種の「重み」みたいなものを持つ。

そう、人間のしがらみですね。そうなると、それにがんじがらめになって縛られてしまう。

おお、ヒューマン・ボンデージです。

私は、さっき、大雑把に言えば、「人間は最初から完璧なわけじゃないんだから、関係の中でお互いに合わせていくことも大事」的なことを言いました。だけどそれは、「お互いに妥協しなきゃ」っていうことではありませんし、「少々のことなら我慢しろ」と言いたいわけではありません。人との関係が大事で、我々にとってそれが重みを持つからと言って、どっちかが我慢して維持するとか、それによって一人ひとりが潰れてしまうとかいうようなことだったら、それはやはり健全な関係とは言えません。

実際、友情や恋愛や親子や、つまりは身近な関係について書かれた多くの本には、「まずは個人が確立していて、そういう自律した個人がお互いに関係を作るのがよい」と書いてあります。うん、その通りっていうか、それは理想でしょうね。だけどそれは、理想ではあっても、最初からそれができるとは限らない。別に逆張りしようとか、あるいはへんくつなことを言おうとは思わないけど、人間が最初から完全に自律した個人である、なんていうのは非現実的じゃないかと思うのです。

ヨコの共同性やヨコの相補性、そして何よりタテの相補性などを通して、人間は人間として成り立ってくる。人間が関係を作るんだけれども、実はそれは関係が人間を作るっていうことと同時進行ではないだろうか。

少なくとも私に関して言えば、だから人間は面白いと思うのです。

【コラム】望ましくない関係

ヨコの共同性の悪いところ?

私たちの目的は、「人間の関係をどう理解するか」とともに、「どのような関係が必要か、望ましいか」を考えることでしたけど、その延長上には、「どのような関係が望ましくないか」っていう問題があります。簡単に触れておきましょう。

そうですね、ヨコの関係について考えてみましょうか。特に**ヨコの共同性**。

私たちは相補性に比べて共同性は広がる可能性があると考えました。だけど、それが身近な関係である以上、無限に広がるのは難しい。というより、不可能です。というのは、共同性は「何か共通なところがある、同じである」ということで結びついていると同時に、「違うものを排除する」ことによって成り立っているからです。すると例えば、「お前は違うから仲間に入れない」っていうことになるわけで、これはなるほど、外から見ていると気分が悪いことになります。

だけど、意外に思われるかもしれないけど、「違うものを排除する」っていうのは、実はそれ自体は悪いことではないのです。問題なのは、それがソトに対して攻撃的になる場合です。そう、「違うヤツは敵だ！」、これが共同性の陥りがちな罠《わな》です。

敵が先か、味方が先か

だけど、これは私の意見だけど、望ましくない共同性は、実は偽の共同性なんじゃないかと思います。つまり、「何か共通点があって結びつく」というよりは、「違うヤツは敵だ！」が先にあるんじゃないかと。こう言えばいいですかね、「何かいいことで共通性があって仲間になっている」んじゃなくて、「何かコイツらは気に入らないという、ネガティブな気持ちだけが共通点」みたいな場合。

例えば、現代の大きな問題、ヘイトスピーチ、ヘイトクライムを考えてみるといいと思います。こういうことをする人たちも集団を作ることがあります。だけど、彼らは文字通り「ヘイト」から出発しているので、実は全然お互いに共通点がないという場合すらあります。だから、こういう人たちは簡単に仲間割れして、お互いにヘイトを始めちゃったりする。ね、偽の共同性っぽくないですか？

タテ関係の悪いところ

今度はタテの関係を見てみましょう。

私たちは、「人間は基本的に同等であるのが望ましい」と考えました。そういう意味で言えば、タテの関係はそれだけで危ないところを持っているのでしたね。下手すると支配関係、権力関係と言われるものが入ってくると、一方が他方を押さえつける、ということになってしまって、望ましくない。まず**タテの共同性**の場合を考えましょう。

例えば、上司と部下の関係なんかの場合、「利益を上げる」という共通の目的があって、それを効率的に達成するために上下関係ができる。でも、もし共通の目的がないんだったら、上下や支配、そういうものの意味はないわけです。そういう共通の目的なしに支配だけある？　おお、それはダメでしょう。

だけど、それだけに、タテの共同性からは離脱も可能です。もし上司が明らかにおかしなことを言う人で、お互いのためになるってことが何もないのだったら、別にその人の部下でいる意味はない。だったら、会社に頼んで別な部署に変えて貰う（いわゆる人事異動）とか、あるいは最悪の場合には会社を辞めることだってできる。

だけど、タテの相補性の場合はなかなかそうはいかないのです。

育児、教育

例えば育児や教育の場合は、会社での関係のようなタテの共同性とは違って、そこから抜け出すのが非常に難しい。だって、上司と部下は、会社の中では上下関係にあっても、基本、人間としては同等です。ところが、育児や教育の場合はそうではない。相手はまだ十分に成長していない。だから育児や教育が必要になるわけです。そうすると、例えば子どもが「イヤだ」と思っても、そこからなかなか離脱できない。だから、この関係が悪いものだったら、もう最悪になります（その典型がジャニー喜多川さんの性犯罪）。

ここで何が起こっているか？　何が問題なのか？　それは分かりやすい話です。これらの関係は、子どもが成長するという目的があって、そのためにわざわざタテの関係というややこしいものを必要とするのでした。ところが、その目的がぐずぐずになってしまって、例えば、子どもを自分の思いどおりにすることを目指しているのではないかとしか思えない親や先生がいたら、それはもう親でも先生でもない。この関係自体も、そもそも育児でも教育でもなくなってしまっているのです。それは、意味のあるタテ関係ではなく、本当に単なる支配関係でしかなくなってしまうわけです。前に使った言葉を使うなら、それはもう人と人との関係ではなくて、「人と物」の関係に近くなってしまいます。

ウチ向きの害と外向きの悪

さて、こうして考えてみると、「この関係は悪い」と言っても、実は二種類の悪さがあることが分かります。一つは、さっきのヨコの共同性の場合がそうでしたけど、害悪がソトへと向かう場合です。例えばヘイトスピーチやヘイトクライムのように、自分たちと違う異質なもの、違う人たちへの攻撃に向かう場合。

もう一つは、害悪がウチ側に向かう場合です。それによって、関係に入っている当人たちがひどい目に遭う。これは、さっき見たタテの相補性で見られる場合です。

外向きの害は、ヨコの共同性だけではなく、タテの共同性の場合もそうですね。例えば、会社の上司と部下が共謀して、顧客を騙《だま》して利益を上げる、みたいなことを考えると、それは外向きの害になる。だけど、同じ上司と部下でも、そこにある上下関係が権力関係になってしまうと、それはウチ向きの害、ということになるでしょう。パワハラですね。

ええっと、ヨコの相補性が困ったことになる場合が残っちゃったけど、そうね、これはみなさんに考えてもらいましょう。はい、宿題にします。

あとがき

「夫婦」、「恋人」、「親子」。身近な関係を示す言葉はたくさんある。だけど、そういう言葉に頼っていると、「親子はこうでなければならない」と思い込んだり、「理想のカップル」を想定したりして、「ああ自分たちはそれとは全然違う！」と感じて苦しむ。あるいは、「友情の罠《わな》」とか「家族という病」などといって、イヤなものと一緒に大事なもの、必要なものまで捨ててしまう。それでは困るのではないかと思うのです。

「夫婦」とか「友だち」とか、そうした言葉が全部ダメとは言いません。ただ、自分たち夫婦がどんな夫婦か、この友だち仲間をどんなふうにしていったらよいか、それを考える手がかりがほしい。この本は私自身のそうした願いから生まれました。その結果、四つの関係パターンが取り出せた。そして、それが実際に役立つことも示せた。

うん、まぁ、まずまずかな、と思います（謙遜です）。

さて、原稿を提出する前には、間違いがないかと、チェックするわけですが、そうして読み返しているとき、表にバーンと出てはいないけど、この本が全体でなんか言いたがっていることがある、っていうのが分かってきました。みなさん、著者というのは自分の頭にあることを言葉にして出すものと思ってるかもしれないけど、そして、そういう頭のいい人もいるかもしれないけど、少なくとも私はそうじゃなくて、書いてから自分が何を言いたかったのかが分かることが多いのです（書いてみないと、自分の言いたいことも分からない）。そうして分かったことがいくつかあるんだけど、一つだけ触れておきましょう。

「子どもを産む、育てる」のところでも出てきましたし、その他の箇所でも出てきたけど、この本では「人と人との関係は、物との関係とは違う」ということが繰り返し出てきます。では、実際にどう違うのか。それは、「人は生きている」ということです。逆に言えば、物は生きていない。だから物は、自分が作ったり、自分のために利用したり、壊したりもできる。だけど、「人は生きている」ので、自分の思い通りにならない。そういう思いどおりにならないのが人で、そういう人との関係がとても大事だということです。

人であるということは、自分とは違うということです。もちろん物も自分とは違うけど、自分のものにすることもできるし、自分のために使うこともできる。だけど、人を自分のものにすることはできない。そこに成り立つものがあるとすれば、それは**操作**、**所有**ではなくて、**関係**だということです。

そう、だから人と人との関係は難しい。はっきり言って、人は何を考えているのかも分からないし、これから先、関係がどうなるかも分からない。困ります。だけど、友だちにしろ、恋人にしろ夫婦にしろ親子にしろ、身近な関係というのは、実はそういうものなのです。それは所有して利用してというものではなく、そもそも自分の思い通りにならないもの。

「だったらどうしようもないじゃん！」と思う人がいるかもしれません。そうじゃないのです。むしろ、「自分の思うようにしたい」と思うことこそ、我々が関係をうまく生きられない原因じゃないだろうか、ということなのです。

そう、関係というのは、好きなように作ったり利用したりできるようなものではない。そんな手応えのないものではない。だからこそ人との関係は「私」にとって意味がある。「私」は関係を作ったり利用したりするのではなく、そういう不思議な関係を生き、あるいはむしろ、そうした関係に作られる。

私はこの本を読み返しながら、そうしたことを読み取ったり、考えたりしました。

読書案内

本書に登場した本や、私自身が参考になった本を何冊か紹介しておきます。ただ、入手しやすさを考えて、文庫、新書を中心に選んでみました。

【代表的な二冊】

まず、この本と同じちくまプリマー新書に入っている二冊を取り上げましょう。菅野仁《すがのひとし》［2008］『友だち幻想――人と人との〈つながり〉を考える』と石田《いしだ》光規《みつのり》［2022］『「人それぞれ」がさみしい――「やさしく・冷たい」人間関係を考える』です。

菅野さんの本は「親しさ」に息苦しさを感じている現代人にマッチしたためか、ベストセラーになりました（うらやましいくらいよく読まれています！）。一方、石田さんの本は「人それぞれ」ばかりで人々が孤立化してしまう現代の社会、それがどんなふうに生まれてきて、どんな問題点を抱えているかを、実際のさまざまな事件、事例も交えて描いたもの（こちらはまだ新しい本だけど、やはりよく読まれているようです）。一見するとこの二冊は、正反対。だけど、実はそうじゃないんじゃないかと思うのです。

本書でも書きましたし、石田さんの本にもありますが、人間は、長い目で見ると、昔は他の人たちと協力しないと生きられないような状況だったのが、だんだんと個人で生きられる、「人それぞれ」でいられる社会へと変化してきました。だけど、石田さんが言うように、そういうあり方だけだと「さみしい」のです。当たり前っちゃあ当たり前だけど。私たちは自由を求めてきたんだけど、一人ぼっちはやはりイヤなのです。

だけど、菅野さんが言うように、人付き合いが息苦しいと感じる人もいるじゃないか、と思われるかもしれません。そうなんですよねぇ。それが大問題です。

ただ、実はそれ、見かけだけかもしれません。つまり、現代の人々が「息苦しい」と感じているのは、「友だち」ではなくて菅野さんが言う「友だち幻想」なんじゃないかと思うのです。現代の個人化した私たちも本当は、「友だちなんか要らない、ない方がいい」と思っているばかりではないのだろうと思うのです。なのに、「親しさ」みたいなもの、ベタベタした人間関係を息苦しく感じるのは、「実は特に親しくしたいわけじゃないのに、何だか親しくしなければならないというよく分からない押し付け」のせいじゃないかと思うのです。

繰り返しますが、友だちがイヤなんじゃなくて、「友だちでなければならない」、そして「友だちだったらこうでなければならない」という押し付けがイヤなのです。

そう、こういうときにこそ、この本で区別したパターンが役立ちます。人間の関係は一種類じゃありませんでした。それなのに我々の考えはしばしば偏っていて、四つのうちのどれか一つを「あるべき理想」みたいに思ってしまう。すると、そのとたんに意見の対立が生まれるわけです。ある人はタテの相補性（例えば親子みたいな）を理想だと考えるかもしれない。だけど別な人はヨコの共同性（例えば趣味の仲間みたいな）こそ大事だと思い描くかもしれない。それどころか、身近な関係と社会的な関係を取り違えているとしか思えない議論もあります。そうすると、それぞれのイメージのズレから、対立が起こる。ところが、なんで対立が起こっているのか、その原因が分からないものだから、お互いに意見（理想）の押し付け合いになってしまう。そりゃあ息苦しくもなります。繰り返すと、息苦しいのは、「友だちとの親密な関係」や「親子の関係」じゃないのです。そうではなくて、それを押し付けられることなのです。

実は、こうしたことは菅野さんや石田さんの本でも指摘されています。そして、お二人も人間関係のパターンを区別してもいます（例えば、菅野さんは「フィーリング関係」と「ルール関係」を区別しています）。だけど、本の作り方やタイトルの付け方で、やや偏りをつけてあります。そして、その方が分かりやすいと言えば分かりやすいのでしょう。「友だちなんか幻想だ！」とか、反対に「人それぞれなんてさみしい」というように、どちらか一方であるように見せかけた方が人々の共感を得やすいのかもしれません。そういう意味で言えば、どっちにも偏らないことを目指すこの本は、なかなか共感を得られないかもしれないし、残念ながらあまり売れないかもしれません（ははっ）。

【本文中に出てきた本】

◎岩崎信彦（編）［2013］『町内会の研究』御茶の水書房

◎品田知美、水無田気流、野田潤、高橋幸［2023］『離れていても家族』亜紀書房

◎清水真木［2005］『友情を疑う――親しさという牢獄』中公新書

◎田中真知［2023］『風をとおすレッスン――人と人のあいだ』創元社

◎中根千枝［1967］『タテ社会の人間関係』講談社現代新書

◎平尾昌宏［2013］『愛とか正義とか』萌書房、［2018］『哲学、する？』萌書房、［2019］『ふだんづかいの倫理学』晶文社

＊アリストテレス『ニコマコス倫理学』、プラトン『饗宴』、ベネディクト『菊と刀』は翻訳が幾つも出ていますが、光文社古典新訳文庫のものが手軽です。

ちくまプリマー新書

440
ルールはそもそもなんのためにあるのか
住吉雅美
決められたことには何の疑問も持たずに従うことが正しい？　ブルシットなルールに従う前に考えてみよう！　ルールの原理を問い、武器に変える法哲学入門。

432
悪口ってなんだろう
和泉悠
悪口はどうして悪いのか。友だち同士の軽口とはなにが違うのか。悪口を言うことはなぜ面白い感じがするのか。言葉の負の側面から、人間の本質を知る。

428
「死にたい」と言われたら
——自殺の心理学
末木新
日本人の約２％が自殺で死亡している。なぜ自殺は起こるのか、自殺は悪いことなのか、死にたい気持ちにどう対応するのか——心理学の知見から考える。

402
ヤングケアラーってなんだろう
澁谷智子
中学校の１クラスに２人はいる——家族の世話や家事を行う子どもたちを指す「ヤングケアラー」。彼らがおかれた状況や支援の取り組みを知るための一冊。

412
君は君の人生の主役になれ
鳥羽和久
管理社会で「普通」になる方法を耳打ちする大人の中で育ち、安心を求めるばかりのあなたは自分独特の生き方を失っている。そんな子供と大人が生き直すための本。

ちくまプリマー新書445
人間関係《にんげんかんけい》ってどういう関係《かんけい》？

二〇二四年一月十日　初版第一刷発行

著者　平尾昌宏（ひらお・まさひろ）

装幀　クラフト・エヴィング商會
発行者　喜入冬子
発行所　株式会社筑摩書房
東京都台東区蔵前二-五-三　〒一一一-八七五五
電話番号　〇三-五六八七-二六〇一（代表）

印刷・製本　株式会社精興社

ISBN978-4-480-68472-1 C0210　Printed in Japan

乱丁・落丁本の場合は、送料小社負担でお取り替えいたします。